Tempo de reconciliação

Dados Internacionais de Catalogação na Publicação (CIP)
(Câmara Brasileira do Livro, SP, Brasil)

Grün, Anselm
  Tempo de reconciliação : superar a divisão, ousar o encontro / Anselm Grün ; tradução de Bruno Mendes dos Santos. – Petrópolis, RJ : Vozes, 2024.

  Título original: Zeit für Versöhnung
  Bibliografia.
  ISBN 978-85-326-6876-9

  1. Conduta de vida 2. Cristianismo 3. Reconciliação I. Título.

24-201264   CDD-234.5

Índices para catálogo sistemático:
1. Reconciliação : Doutrina cristã : Cristianismo   234.5

Cibele Maria Dias – Bibliotecária – CRB-8/9427

Anselm Grün

Tempo de reconciliação

Superar a divisão,
ousar o encontro

Tradução de Bruno Mendes dos Santos

EDITORA
VOZES

Petrópolis

© 2023 Verlag Herder GmbH, Freiburg im Breisgau.

Tradução do original em alemão intitulado *Zeit für Versöhnung – Spaltung überwinden, Begegnung wagen*

Direitos de publicação em língua portuguesa – Brasil:
2024, Editora Vozes Ltda.
Rua Frei Luís, 100
25689-900 Petrópolis, RJ
www.vozes.com.br
Brasil

Todos os direitos reservados. Nenhuma parte desta obra poderá ser reproduzida ou transmitida por qualquer forma e/ou quaisquer meios (eletrônico ou mecânico, incluindo fotocópia e gravação) ou arquivada em qualquer sistema ou banco de dados sem permissão escrita da editora.

CONSELHO EDITORIAL

Diretor
Volney J. Berkenbrock

Editores
Aline dos Santos Carneiro
Edrian Josué Pasini
Marilac Loraine Oleniki
Welder Lancieri Marchini

Conselheiros
Elói Dionísio Piva
Francisco Morás
Gilberto Gonçalves Garcia
Ludovico Garmus
Teobaldo Heidemann

Secretário executivo
Leonardo A.R.T. dos Santos

PRODUÇÃO EDITORIAL

Aline L.R. de Barros
Marcelo Telles
Mirela de Oliveira
Otaviano M. Cunha
Rafael de Oliveira
Samuel Rezende
Vanessa Luz
Verônica M. Guedes

Conselho de projetos editoriais
Luísa Ramos M. Lorenzi
Natália França
Priscilla A.F. Alves

Diagramação: Editora Vozes
Revisão gráfica: Jaqueline Moreira
Capa: Rafael Machado

ISBN 978-85-326-6876-9 (Brasil)
ISBN 978-3-451-39488-1 (Alemanha)

Este livro foi composto e impresso pela Editora Vozes Ltda.

Sumário

Prefácio, 7
Introdução – Reconciliar em vez de dividir, 13

POR QUE A RECONCILIAÇÃO É DIFÍCIL 19
   O medo de perder o controle, 21
   O medo da rejeição, 25
   O medo de fracassar, 29

I – CONSTRUINDO PONTES DE CONCILIAÇÃO. 31
   Tornando-se um construtor de pontes, 33
   Superando obstáculos, 37
   Aceitando limites, 41

II – DIMENSÕES DA RECONCILIAÇÃO. 47
   Reconciliação consigo mesmo, 49
   Reconciliação com os outros, 67
   Reconciliação com a natureza, 111
   Reconciliação com Deus, 117

III – Exemplos de reconciliação..........**123**
    Jacó e Esaú, 125
    José e seus irmãos, 129
    A Igreja de Antioquia, 133
    Saul e Davi – Reconciliação fracassada, 135
    Exemplos da nossa época, 137

IV – Os frutos da reconciliação **141**
    Quais são os efeitos da reconciliação?, 143
    Paz, 147
    Liberdade, 149
    Confiança, 151
    Vínculos, 153
    Criatividade, 155
    Justiça, 157
    Harmonia, 161
    Coragem, 163
    Esperança, 165

Conclusão – Cada reconciliação é um recomeço, 169

Prefácio

No seu livro *Tempo de reconciliação*, Anselm Grün assume um desafio central da nossa época – a capacidade de nos encontrarmos de uma forma nova e pacífica, isto é, reconciliada, apesar de opiniões divergentes e velhas feridas. A reconciliação constrói pontes entre vítimas e agressores, ajuda a pacificar antigas disputas, a curar feridas e, assim, torna-se uma importante forma de trabalho pela paz.

Esse poder curativo e unificador da reconciliação nunca pode ser valorizado o suficiente, seja no plano social ou no âmbito privado. A paz na Europa após os horrores da Segunda Guerra Mundial, de 1945 até a invasão da Ucrânia pela Rússia em fevereiro de 2022, não teria sido possível sem a reconciliação entre Alemanha e França e, portanto, o estabelecimento de uma ordem de paz na Europa Ocidental.

A reconciliação também funciona na esfera privada. Um exemplo: qualquer pessoa que tenha experimentado um divórcio sabe do poder de cura da reconciliação. Quando ex-cônjuges, que antigamente se amavam, seguem caminhos separados – por quaisquer motivos que sejam–, então pesam sobre o resto da vida a dor, a culpa, as coisas não ditas e, às vezes, até o ódio. Particularmente importante é a reconciliação dos pais, para os filhos afetados pelo divórcio, pois só através da nova "paz na separação" dos pais é que os filhos podem também encontrar a paz consigo mesmos, com suas dores e medos vinculados com a separação e, assim, florescer de novo.

Seja na arena política ou na esfera privada, a disposição para reconciliação está se tornando um critério importante para se alcançar uma convivência humana nova e reorientada. Através da reconciliação, atraímos nova força e coragem para moldar nossas vidas e fazer o certo. Estou convencido de que a disposição para reconciliação e a competência de conciliação se tornarão futuramente ainda mais importantes, talvez até uma questão de vital importância. Por quê?

Vivemos em tempos turbulentos, inquietantes e muitas vezes agitados, em uma era de revoluções e mudanças. Inovações técnicas como a digitalização, a inteligência artificial e a consequente enxurrada de informações, mas também questões como endividamento, tensões entre ricos e pobres, crises políticas, guerras e ameaças aos nossos meios de subsistência, devido à extinção de espécies e ao agravamento da crise climática, desafiam-nos social e pessoalmente. Não é sem razão que a expressão *Zeitenwende* [mudança de época] se tornou, na língua alemã, a palavra do ano de 2022. Novos termos passaram a fazer parte de nossas vidas. Quem há 15 anos conhecia conceitos como *fake news* ou fatos alternativos? A informação tornou-se uma arma ainda mais afiada – no debate político e na esfera privada – porque é mais acessível. Na crise da covid em particular, mais do que meras teorias conspiratórias abstrusas já mostraram o tamanho do barril de pólvora que está aqui. Amizades se romperam, famílias se dividiram.

A intensidade e o volume de informação que nos chegam todos os dias multiplicaram-se, especialmente nas últimas três décadas. Aqui também se confirma que maior quantidade não resulta necessariamente em melhor qualidade. Um triste exemplo é justamente o espaço ainda amplamente sem lei e, portanto, também sem responsabilização das mídias sociais, com todas suas possibilidades de propaganda, difamação e calúnia.

Os inúmeros desafios e problemas de hoje às vezes parecem esmagadores e muitos se sentem por eles sobrecarregados. A experiência nos alerta: a sobrecarga muitas vezes leva à falta de palavras, ou pior, levam à repetição irrefletida de lemas populistas e maçantes. Aqui, a própria história alemã está cheia de tristes exemplos. Mas a esperança de respostas simples é enganosa: elas só parecem nos resguardar de termos que lidar com os temas em questão de uma maneira mais profunda e objetiva. A experiência de vida nos ensina que todos os problemas que não encaramos imediatamente cairão amanhã ou depois em nossos pés com ímpeto multiplicado. É como uma ferida; se não nos preocuparmos com ela diretamente, se não a desinfetarmos e cuidarmos dela, ficará inflamada e, no pior dos casos, evoluirá para uma infecção generalizada, com risco de morte.

Nesse estágio, o enorme valor da reconciliação se torna evidente. A reconciliação tem como objetivo uma compensação e uma nova paz. Ela é parte da solução, e não parte do problema. Ela constrói pontes sobre trincheiras que antes eram consideradas intransponíveis e cria novas conexões. A competência de conciliação e a disposição para reconciliação nos compelem a ouvir atentamente, a reconhecer outras opiniões, mesmo que não as partilhemos. A reconciliação requer, por parte de todos os envolvidos, a autorreflexão, a saída da própria zona de conforto e, com isso, a autossuperação. Desse modo, alcança-se um novo entendimento comum da situação, dos problemas e do passado de todos os envolvidos. A reconciliação cria espaço para o entendimento e o reconhecimento de todos os envolvidos. Para isso, o agressor deve assumir responsabilidade por seus atos e a vítima deve mostrar uma nova disposição para perdoar.

Lidar com diferentes opiniões, experiências e visões de mundo é um desafio para todos nós. O trabalho de reconciliação pode prestar uma importante contribuição, pois nos ajuda a sair do círculo vicioso de querer ter razão e precisar ter razão.

Como já dito: vivemos em tempos turbulentos, inquietantes e muitas vezes agitados, em uma era de revoluções e mudanças. Esses desafios são uma realidade da qual não podemos nos esconder. Porém, eles não são apenas um problema, mas também uma oportunidade. Pois toda crise carrega consigo também a liberdade de encontrar novas soluções, respostas e caminhos. Mas sem paz com o passado, com o que nos separa, sem reconciliação, não conseguiremos encontrar nem implementar essas soluções.

Como se costuma dizer, de modo tão bonito: todos vivemos sob o mesmo sol e respiramos o mesmo ar. Esta circunstância nos impele a encontrar soluções conjuntas em questões pessoais e sociais. A reconciliação – devidamente compreendida – torna-se então um meio importante de pacificar passados atormentados e dolorosos e, então, obter dessa paz novas forças e oportunidades para soluções conjuntas que se sustentem no futuro.

Anselm Grün nos mostra caminhos práticos para alcançar a reconciliação. Ele nos exorta a nos tornarmos ativos, a construir novas pontes, a curar velhas dores, a moldar a reconciliação de maneira ativa e consciente. Desta forma, seus valiosos pensamentos tornam-se inspiração e um chamado para uma vida bem vivida.

Desejo uma boa leitura,

Walter Kohl

Introdução

Reconciliar em vez de dividir

A hostilidade em nossa sociedade não para de crescer – essa é a imagem que as manchetes têm nos transmitido nos últimos anos com frequência cada vez maior. Pesquisadores da Universidade de Münster examinaram a divisão de nossa sociedade e entrevistaram mais de 5 mil pessoas na Alemanha, França, Polônia e Suécia. Eles publicaram seus resultados no verão de 2021[1]. Os autores do estudo constataram que, em nossa sociedade, há, de fato, dois grupos hostis entre si: de um lado, o grupo dos defensores. Eles se sentem ameaçados pelas transformações do nosso tempo, preocupam-se com a sua segurança e com a estabilidade no país. Do outro lado está o grupo de descobridores. Eles demandam uma máxima abertura e diversidade. A transformação, para eles, não consegue acontecer rápido o suficiente. Esses dois grupos existem há muito tempo. Mas agora a migração, a crise financeira, a crise climática e a pandemia agravaram os conflitos. Para esses dois grupos, existe apenas um pró e contra. Seja a respeito de imigração, proteção do clima ou me-

---

1. BACK, M.; ECHTERHOFF, G.; MÜLLER, O.; POLLACK, D.; SCHLIPPHAK, B. *Von Verteidigern und Entdeckern:* Ein neuer Identitätskonflikt in Europa. Wiesbaden: Springer, 2022.

didas na pandemia, ambos os lados não ouvem mais os argumentos um do outro. Eles só querem ter razão. Formadores de opinião agressivos estão fomentando o conflito. Os teóricos da conspiração reúnem apoiadores que os acompanham cegamente. Assim, o comportamento dos outros é explicado por uma teoria muitas vezes abstrusa. Alegam que a guerra da Ucrânia serve apenas como uma distração da pandemia de covid. Alegaram que Angela Merkel é descendente de Hitler e prossegue sua política por outros meios. Explicaram que Bill Gates propagandeia a vacinação apenas para ganhar mais dinheiro. Aqueles que se deixam cegar por tais teorias não estão preparados para discuti-las. Se alguém faz alguma objeção contra essa teoria, isso é apenas um sinal de que ele mesmo apoia as "maquinações de Bill Gates ou da Sra. Merkel".

Ativistas do clima estão empreendendo atos de protesto cada vez mais radicais, como greves de fome e bloqueios de estradas. Os ativistas também não estão dispostos a discutir suas demandas pela proteção climática: eles dizem, não temos tempo para mais discussões. Com suas ações, eles almejam pressionar o governo para implementar seus objetivos.

Esses dois grupos não estão mais dispostos a dialogar. Toda opinião está imediatamente ligada à questão do poder. Quem tem poder sobre as pessoas? Assim, recusam-se a conduzir uma conversa de verdade.

As teorias da conspiração e os protestos radicais em defesa do clima são uma realidade em nossa sociedade. Geram desavenças nas famílias e fazem romper amizades.

Também fazem parte da nossa realidade social as *shitstorms*, tempestades de indignação que se derramam nas novas redes sociais sobre políticos ou mesmo cientistas, escritores e outras celebridades, quando expressam alguma opinião polêmica.

Ao se observar todos esses fenômenos, seria possível falar de uma sociedade profundamente dividida. E isso nos é frequentemente sugerido pela mídia. No entanto, os cientistas que se ocupam com o estudo de nossa sociedade encontraram um resultado diferente em seus estudos empíricos. Os pesquisadores de Münster chegaram à conclusão de que, na Alemanha, apenas uma minoria pertence aos grupos de defensores ou exploradores. A maioria das pessoas está disposta a conversar[2].

O psicólogo social Tom Postmes, de Groningen, também examinou vários cenários de crise e descobriu que as crises não dividem a sociedade, mas sim levam a maior parte das pessoas a se comportar de forma solidária[3].

Alguns meios de comunicação estão prevendo uma divisão da sociedade como resultado da crise energética. Martin Voss, chefe do departamento de pesquisa de desastres da Universidade Livre de Berlim, afirma que isso é perigoso. Ao falar de uma divisão da sociedade, estaríamos contribuindo para uma profecia que se cumpre por

---

2. Na Alemanha, 14% da população pertence ao grupo dos descobridores e 20% da população pertence ao grupo dos defensores. Cf. BACK et al., *Von Verteidigern und Entdeckern*. Op. cit., p. 3.

3. Cf. SCHNABEL, U. Wenn es darauf ankommt, *ZEIT*, Hamburgo, 22 set. 2022, p. 27s.

si só. O julgamento equivocado da sociedade repercute na realidade[4]. Opinião semelhante tem o sociólogo Simon Teune, da Universidade Livre de Berlim: "Quem pinta revoltas populares no muro", diz Teune, "amplia o campo de ação de direitistas e conspiracionistas"[5]. Então, tudo é visto pelas lentes de uma divisão iminente.

Martin Voss está confiante: "Não acho que estamos desmoronando como sociedade"[6]. Segundo ele, há muitos cidadãos em nossa sociedade que acreditam na democracia e que também se comportam de forma democrática e solidária.

O sociólogo Steffen Mau também nega que vivamos em uma sociedade dividida. "Vivemos em uma sociedade emocionalmente conturbada com muitos novos conflitos. Temos margens radicais. Mas isso não significa que nossa sociedade esteja dividida"[7]. Ele alerta quanto às afirmações apressadas sobre o estado da sociedade. O cientista acredita em pesquisas empíricas e, frequentemente, elas dizem coisas diferentes das manchetes de alguns meios de comunicação. Por isso, ele considera a divisão da sociedade um "cenário de medo".

Todos os sociólogos citados concordam com que a situação atual é tensa e um teste de estresse para nossa sociedade. É claro que eles sabem que há muitos con-

---

4. Ibid., p. 27s.
5. Ibid., p. 28.
6. Ibid., p. 28.
7. AGARWALA, A.; SCHOLZ, A. Die Spaltung ist ein Angstszenario, *ZEIT*, Hamburgo, 22 set. 2022, p. 29.

flitos em nossa sociedade e que a crise também pode fortalecer as forças radiais. Mas eles acreditam que o diálogo seja possível. Justamente nesta situação tensa e turbulenta em que nossa sociedade se encontra, é bom confiar na pesquisa empírica. E é útil pensar conscientemente sobre como a reconciliação pode contribuir para garantir que a sociedade não se despedace, mas em vez disso se torne solidária. A reconciliação une as pessoas em vez de dividi-las.

Neste livro, gostaria de refletir sobre como a reconciliação pode dar certo e de apontar caminhos para alcançá-la. Para isso, pretendo descrever as várias áreas em que precisamos de reconciliação. Mas preocupa-me também o requisito central para a reconciliação com os outros: a reconciliação com si mesmo e com Deus. Pois aquele que está dividido em si mesmo também irá dividir as outras pessoas. Além disso, devem ser abordadas algumas questões que preocupam a todos sobre o tema da reconciliação: onde estão os limites para a reconciliação? Há também razões para permanecer irreconciliado? E quais são as condições dentro de nós para que a reconciliação se torne possível? Por último, trata-se de saber o que então a reconciliação nos traz, quais são os frutos da reconciliação. Não se trata de uma pregação moralista sobre a reconciliação, mas de uma descrição de como a reconciliação se torna possível e o que ela pode trazer para nós pessoalmente e para a sociedade como um todo. A questão dos benefícios não deve ser central. Mas muitos não se envolveriam em um tema tão difícil como a reconciliação, se não reconhecessem também seus benefícios práticos para uma vida bem vivida.

Quando escrevo sobre reconciliação neste livro, é sempre na esperança de que no fundo as pessoas anseiam pela reconciliação. É por isso que penso ser necessário, especialmente neste ambiente às vezes tenso, falar de reconciliação. Ao pensarmos em reconciliação, tocamos o anseio das pessoas por reconciliação. Tenho confiança de que então, na realidade da nossa sociedade e na realidade da família, da amizade, da companhia e da comunidade, o anseio de reconciliação pode e irá criar vínculos em vez de divisão . Por isso, não pretendo escrever de maneira moralista sobre a reconciliação, mas sim apontar possibilidades e caminhos para que as pessoas fiquem fortalecidas na sua postura reconciliadora e ter a coragem de confiar no poder de cura e de união da reconciliação.

Por que a reconciliação é difícil

A experiência nos mostra que, tanto na vida pessoal como na vida pública, as pessoas têm dificuldade em se reconciliar. Há muitos motivos pelos quais a reconciliação é difícil. Gostaria de mencionar apenas alguns.

O MEDO DE PERDER O CONTROLE

A reconciliação requer que eu me direcione à outra pessoa e tente com ela resolver o conflito e arriscar uma nova forma de convivência. Eu tenho que me abrir. Isso gera insegurança. Muitas pessoas se sentem pressionadas a se controlar permanentemente. Enquanto se afirmam e afirmam o seu ponto de vista, sentem-se seguras. Porém, a necessidade de controle as torna incapazes de se relacionar. Eles não conseguem se envolver com o outro. Porque assim elas abrem mão do controle. Aqueles que desde a primeira infância, tendo os pais como exemplo de vida, aprenderam a se controlar têm muita dificuldade em mostrar seus sentimentos. Têm medo de não conseguir controlar suas emoções. Mas, quando me envolvo com o outro, nunca são apenas de argumentos puramente racionais que estão em jogo. Trata-se sempre, também, dos sentimentos que eu sinto em relação à outra pessoa e que a outra pessoa tem em relação a mim.

A necessidade de controle muitas vezes tem como causa a falta de autoestima. Como a pessoa se sente insegura, ela tem que se controlar para que os outros não vejam sua fraqueza. E pessoas que se controlam constantemente acabam tendo uma visão negativa de si mesmas. Uma mulher me disse: "Eu não posso ficar tranquila, que um vulcão entra em erupção dentro de mim". Assim, ela tinha que se ficar se controlando sempre. Isso fez com que ela não conseguisse encontrar a paz e vivesse constantemente com o medo de que o vulcão pudesse a qualquer momento entrar em erupção. A reconciliação requer que eu vá até o outro e que eu me mostre como eu sou. Em uma conversa de reconciliação, a própria verdade também sempre vem à tona. No entanto, se eu me recuso a mostrar minha verdade interior, então nenhuma reconciliação é possível.

Pessoas que aprenderam desde cedo a controlar e otimizar tudo costumam ser bem-sucedidas profissionalmente. O controle as ajuda a escalar mais alto na carreira. Esse modelo de vida foi, por um tempo, inteiramente útil. Por fora, essas pessoas parecem particularmente sinceras e firmes. Parece que nenhuma crise as pode abalar. Mas quando o modelo de vida se torna uma coerção, ele nos impede o encontro e nos impede a reconciliação. Muitas pessoas que procuram se controlar sempre acabam tendo medo de si mesmas. Elas têm uma visão negativa de si mesmos. Têm a sensação de que no seu interior há muitos pensamentos e emoções negativas, os quais elas precisam manterem segredo. Essas pessoas vivem com o medo constante de perder o controle e de não sentirem mais o chão firme sob seus pés. Mas a reconciliação exige que eu saia do meu ponto de vista fixo, que eu me mostre e me dirija ao outro.

Há um ditado: "Quem quer controlar tudo acaba perdendo o controle de tudo". Quem quer sempre controlar suas emoções vai surtar em algum momento, quando alguém tocar no seu calcanhar de Aquiles. Quem quer controlar tudo é incapaz de reconciliação. Mas viver irreconciliado o tempo todo faz com sua vida saia do controle. Pois então se tem medo constante de entrar em conflito com os outros. A reconciliação gera um clima de confiança. Em um clima irreconciliado, vivo com medo constante de pessoas que possam revelar meus medos e erros ou que queiram me prejudicar. E quanto mais forte sinto o cheiro do perigo ao meu redor, mais tenho que me controlar. Assim, cria-se um círculo vicioso: quem quer se controlar é incapaz de se reconciliar. E um ambiente de irreconciliação e divisão faz com que eu tenha que me controlar ainda mais.

O MEDO DA REJEIÇÃO

A palavra reconciliação vem do latim *reconciliatio*. Significa que o relacionamento e a comunidade são restauradas. No entanto, isso também significa que a comunidade está desestabilizada. É necessário, portanto, reconhecer honestamente que a comunidade, da forma como está, não está boa. Porém, muitos não se atrevem a encarar a verdade olho a olho. Preferem viver como se tudo estivesse em ordem. Vivem uma convivência superficial. Por debaixo da superfície, contudo, há intrigas, hostilidades, tensões e divisões.

Muitas pessoas temem que, se abordarem essas tensões e divisões, possam ser desagradáveis com os outros. Preferem manter a verdade trancada e fingir que está tudo bem. Elas têm medo de falar a verdade. Todos poderiam, de uma só vez, se voltar contra elas. Outros poderiam afirmar que há, sim, uma boa convivência. Só eu teria problemas, só que eu estaria vendo tudo de forma tão negativa. Ou poderiam me culpar por perturbar ou até envenenar o bom clima no grupo. Eles poderiam me culpar por perturbar a paz e me chamar de encrenqueiro. Eu seria o culpado pelo conflito. De repente, a relação harmoniosa por fora poderia ser perturbada. Por isso, ambas as partes muitas vezes preferem reprimir o conflito em vez de enfrentar a verdade.

A reconciliação só é possível se abordarmos abertamente os conflitos que nos separam uns dos outros. Mas os conflitos sempre afetam a mim e ao meu comportamento, em primeiro lugar. E muitos têm medo de enfrentar o conflito, porque teriam que enfrentar sua própria verdade. E nem sempre se é tão simples e bonito quanto se aparenta ser como pessoa. Por isso, temem que sua própria verdade seja discutida no conflito. Têm medo de serem criticados e rejeitados pelos outros.

Muitas pessoas têm medo de expressar um conflito em palavras. Preferem reprimir ou negar o conflito e, assim, viver mais ou menos pacificamente. Mas sentem que isso não é uma vida real, porque assim muito da vida estará excluída. Abordar um conflito significa trazer à tona coisas desagradáveis. Muitos não se atrevem a fazê-lo, por medo de que o outro, com quem se dão razoavelmente bem de forma superficial, possa rejeitá-los.

Muitas vezes ouço mulheres me dizerem que foram rejeitadas pela família quando falaram sobre um abuso sexual por parte do pai ou de um parente próximo. Foram insultadas como traiçoeiras pelo resto da família e expulsas da comunidade. Expor os abusos é o requisito para atravessar o vale das lágrimas e alcançar a reconciliação. Muitas vezes, porém, a família não quer saber nada da verdade. Mas a verdade não pode ser negada. Ela se coloca sobre as relações na família e enturva a convivência. Sob o manto do silêncio, o abuso não exposto escurece a atmosfera. Mas alguns preferem a vida no escuro à verdade. A palavra grega para verdade, *aletheia*, significa não-oculto, ou seja, retira-se o véu que tudo cobre e então vemos a realidade como ela é. Jesus diz: "a verdade vos libertará" (Jo 8,32). A reconciliação só é possível quando a verdade vem à luz. Muitas pessoas têm medo disso e preferem reprimir a verdade. Desse modo, a vida se torna de alguma forma irreal. Todo mundo sabe em seu subconsciente que algo está errado na família. Mas ninguém se atreve a falar a verdade por medo de ser rejeitado e insultado como traiçoeiro.

A forma como lidamos com um conflito depende sempre da nossa própria história de vida. Se, quando criança, eu era condicionado a ter medo constante de que meus pais se separassem, então, como adulto, vou reprimir qualquer conflito. Então eu procuro sempre trazer a harmoniza: está tudo bem. Nós nos entendemos. Eu perderia o chão sob meus pés se admitisse para mim mesmo que há um conflito no grupo, que muita coisa já não condiz mais na minha amizade ou no meu relacionamento amoroso, que há muitos conflitos subliminares. Porém, como não só eu, mas presumivelmente também os outros, preferimos todos reprimir o conflito, já que eles também seriam então confrontados com sua própria verdade, nenhuma reconciliação real é possível. A convivência é superficial. Mas aquilo que se acumulou junto com as agressões reprimidas por baixo da superfície pode eventualmente explodir. Então, tanta coisa vai se quebrar, que pode ficar tarde demais para uma reconciliação.

O medo de fracassar

Se eu me dirigir à outra pessoa para esclarecer as diferenças entre nós e trilhar o caminho da reconciliação, não tenho garantia nenhuma de que a outra pessoa realmente se sensibilizará. Pode ser que ela continue teimosa, que coloque em mim toda a culpa da divisão. E pode ser que se recuse a se reconciliar. Aí a relação fica ainda mais difícil. Também é possível que os conflitos sejam discutidos em grupo, mas não resolvidos. Isso pode fazer com que o clima no grupo fique pior ainda. Antes, as pessoas se evitavam. Mas agora que o conflito se tornou patente, a divisão fica cada vez mais evidente. E o convívio fica mais difícil do que era em tempos de harmonia superficial. Pode ser que agora o conflito, cuja solução evidentemente não é mais possível, se agrave e envenene o clima.

Se a reconciliação falhar, não posso continuar vivendo como antes. Tenho que buscar novas formas de lidar com o outro ou com os outros. Isso pode me deixar solitário. Não sei como eu poderia agir ao me deparar com o outro. E se o fracasso da reconciliação afetar um grupo, será difícil para mim continuar a viver nesse grupo. Porque eu não poderei mais reprimir a verdade. É difícil encontrar diariamente pessoas não reconciliadas. Alguns temem que o fracasso da reconciliação possa se transformar em inimizade, o que sobrecarrega continuamente.

O fracasso da reconciliação pode fazer surgir em mim um sentimento de culpa: sou culpado por piorar as relações porque levantei o conflito. A culpa é minha por não atender o suficiente aos desejos dos outros. A culpa de que a reconciliação tenha fracassado é minha. Prefiro não ter que conviver com esses sentimentos de culpa. Mas, independentemente dos sentimentos de culpa, não me sinto bem quando a reconciliação fracassa. Tenho então que conviver com o fato de que os outros têm algo contra mim, que os outros me rejeitam, que eu acho difícil me relacionar com os outros. O fracasso da reconciliação pode me roubar energia interior e me paralisar.

I
Construindo pontes de conciliação

TORNANDO-SE UM CONSTRUTOR DE PONTES

Quando minha irmã mais velha, em 1955, foi trabalhar como *au pair* na França, muitos parentes e conhecidos ficaram bastante preocupados. A Segunda Guerra Mundial havia intensificado a velha desavença entre Alemanha e França. Seria difícil para uma mocinha alemã ficar na casa de uma família francesa. Mas meu pai encorajou minha irmã, dizendo-lhe: "Apenas vá e construa pontes". Minha irmã construiu pontes. Ela era uma católica indo para uma família protestante. Algum tempo depois, a família francesa visitou minha família perto de Munique. Assim, foi criada uma ponte duradoura. As palavras do meu pai para a minha irmã, desde então, tornaram-se o meu lema para sempre. Sempre quis construir pontes com os meus livros, pontes entre povos e culturas, pontes entre católicos e protestantes, entre crentes e não crentes, entre pessoas bem-sucedidas e malsucedidas, entre chefes e empregados, entre pessoas saudáveis e adoecidas, entre pessoas que foram feridas e aquelas que as feriram. A conciliação precisa de pontes que alguém esteja disposto a construir.

Uma ponte conecta duas margens ou duas montanhas. Ela sobrepõe um rio ou um vale. As duas margens são diferentes e permanecem com suas diferenças. Mas a ponte conecta as duas margens. Podemos ir de uma margem à outra. A ponte não empurra as margens uma para a outra. Elas permanecem separadas. Mas há uma conexão. Essa é uma bela imagem para a conciliação. Os diferentes partidos e grupos de pessoas, as diferentes opiniões e correntes de pensamento continuam com suas particularidades. Mas não há separação absoluta. Há uma ponte sobre a qual as pessoas de margens e montanhas opostas podem encontrar um caminho para se encontrar e trocar ideias umas com as outras. Sua margem de antes, sua anterior filosofia de vida da vida, continua sendo seu lar. Mas ela já não as separa de outras pessoas que têm uma cultura e valores diferentes. Gostam de atravessar a ponte para conhecer as pessoas do outro lado do rio e conhecer novas paisagens.

Para a conciliação, portanto, são necessárias pontes e pessoas dispostas a atravessar a ponte para irem até às pessoas do outro lado do rio e visitá-las, a fim de lhes perguntar, com curiosidade, o que as move. São necessários, portanto, o interesse pelo outro e a abertura ao outro. E é necessária a disposição para entrar no caminho de deixar de lado o próprio ponto de vista, de olhar para outras perspectivas, sem preconceitos, e de se interessar por elas.

A ponte sempre foi um símbolo de conexão e mediação. O papa é chamado de "pontífice", que no latim *pontifex* significa, literalmente, "construtor de pontes". Como todos nós, cristãos, fomos ungidos para o sacerdócio no batismo, temos todos a tarefa de construir pontes entre pessoas que se tornaram desafetos, entre grupos que se distanciaram e entre povos que se rebelam uns contra os outros.

Há discussões nas quais as pessoas simplesmente não se entendem. Em vez de nos conectar, tais discussões nos dividem. Mas há pessoas que têm a capacidade de construir pontes através do diálogo. Elas não pressionam ninguém a abandonar sua opinião ou ponto de vista. Em vez disso, tentam entender as opiniões dos outros e construir uma ponte para elas. Dessa forma, ninguém precisa se sentir um perdedor. Então, constroem para cada um uma ponte que os conecta com os outros interlocutores.

É uma arte conduzir as conversas de tal forma que elas levem não à divisão, mas sim à construção de pontes para os mais diversos pontos de vista e que conectam uns com os outros. Se o condutor da conversa sentir que há um confronto entre campos inconciliáveis, ou que um deles está insultando os outros com suas declarações, então ele não vai permitir que fique assim. Porém, ele não irá isolar aquele que proclama sua opinião de modo tão veemente, mas irá construir uma ponte até ele, fazendo--lhe perguntas a fim de investigar o que é que os conecta.

Superando obstáculos

Há muitas condições para que a conciliação seja possível. Um obstáculo à conciliação consiste nos preconceitos que temos contra outras pessoas. Queiramos ou não, todo mundo tem preconceitos. Nossa tarefa, porém, é se libertar dos preconceitos que surgem espontaneamente em nós e não definir os outros a partir dos nossos preconceitos. Devemos tentar olhar para o outro sem preconceitos.

São Benedito nos ensina que devemos ver o rosto de Cristo em cada pessoa. Para alguns, isso pode soar indulgente demais. Contudo, isso significa que não devemos limitar o outro àquilo que vemos, mas sim acreditarmos no bem em cada pessoa, na essência boa ou no anseio pelo bem.

Albert Görres, psicoterapeuta de Munique, diz: "Ninguém faz o mal por vontade de fazer o mal, mas sempre por desespero". Isso significa que nem mesmo aqueles que fazem o mal devem ser reduzidos aos seus atos. Acreditamos que nele também há um anseio pelo bem. É claro que, às vezes, temos que admitir que algumas pessoas fecharam as portas completamente para sua essência boa. Estão tão desesperadas consigo mesmas que não conseguem mais acreditar no bem dentro de si. Por isso, precisam se distanciar dele para não deixar que sua visão negativa seja abalada. Apesar disso, devemos acreditar na essência boa de cada ser humano. Às vezes, tal milagre pode acontecer, como descrito por Dostoiévski em seu romance *Crime e castigo*, em que o amor de Sônia desperta o bem no assassino Raskólnikov. Ambos experienciam isso como uma ressurreição. A fé no bem dos outros é a condição para que não depreciemos essas pessoas, mas sim que tenhamos a esperança de poder construir com elas um relacionamento e viver com elas reconciliados.

Para dissipar nossos preconceitos arraigados, é necessário também que não julguemos o outro, mas simplesmente percebamos o que vemos no outro e o que vivenciamos com ele. Em vez de julgar, tentamos entender por que a outra pessoa é assim. Afinal, todo comportamento da outra pessoa tem um significado. Talvez ele nos mostre que o outro está muito machucado. Ou que seu comportamento seja uma tentativa de superar sua própria inferioridade. Pode ser que, sem esse comportamento que achamos espantoso, ele entrasse em desespero. Talvez seja para ele uma possibilidade de criar para si uma razão de ser. Não julgar, mas sim compreender, é uma condição para que estejamos dispostos a nos envolver com a outra pessoa e a viver conciliados com ela.

O autoconhecimento honesto é outra condição. Certa vez, um velho padre do deserto foi perguntado por que ele nunca julga os outros. Ele disse: "Porque eu me conheço". Aquele que se conhece não julga os outros, que tenta encarar os outros sem preconceitos. E ele se interessa pela outra pessoa. Ele sabe que cada pessoa é um mistério, que cada um tem sua história de vida inteiramente pessoal. Por isso, além do autoconhecimento honesto, também, é preciso também curiosidade para conhecer o outro, mesmo que à primeira vista seu comportamento me pareça estranho. No entanto, a curiosidade sobre os outros necessita, como contrapartida, da capacidade de me distanciar de mim mesmo, de abdicar da ideia de que tudo gira sempre em torno de mim e das minhas necessidades e de estar aberto às outras pessoas.

Outra condição para a possibilidade de conciliação é o sentimento de vínculo e unidade com todos os seres humanos. As filosofias gregas desenvolveram sua própria filosofia do "um", do *to hen*. Elas partem do princípio de que, além dos diversos tipos, deve haver também o um que está em tudo. O próprio Jesus orou antes de sua morte: "Que todos sejam um" (Jo 17,21). Eles devem saber sobre sua unidade interior. Se, no fundo de nossas almas, nos sentimos um com todas as pessoas, mesmo com aquelas que têm opiniões completamente diferentes das nossas, com quem vivemos em conflito, então nos sentimos profundamente conectados com elas. E podemos esperar que esse vínculo interior não seja destruído por conflitos e divisões, mas que a unidade do fundo de nossa alma se eleve lentamente e também permeie nossa consciência. Conhecer a unidade interior nos dá a esperança de que também seja possível a conciliação com aquelas pessoas com quem não temos um bom relacionamento no nível da consciência.

Aceitando limites

Muitas vezes, os agressores exigem da vítima uma reconciliação. Mas o agressor não deve esperar qualquer reconciliação da vítima. Isso se aplica tanto para o abuso sexual como para os crimes políticos.

Uma mulher da antiga Alemanha Oriental me ligou e me contou que, ao acessar aos arquivos da Stasi, descobriu que seu pai havia colocado ela e seu namorado na prisão. Ela achava que seu pai era um traidor, que para ela ele já estava morto, que ela nunca mais queria ter nada a ver com ele. Essa raiva é compreensível. Ao telefone, disse-lhe que entendia bem a sua raiva e que ela tinha razão: "Você precisa se distanciar internamente do seu pai. Mas então você deve se perguntar: meu pai é apenas um traidor? Ou não haveria nele também um outro lado? Eu o conheci como um traidor quando criança? Ou naquela época eu conheci também segurança e apoio?" A tarefa dessa mulher é libertar-se do poder do pai e construir uma distância saudável. Isso pode acontecer no perdão. Se o pai justifica a si mesmo e seu comportamento, então nenhuma reconciliação é possível. Pois a filha não deve abdicar de si mesma.

No decorrer da conversa, ela me contou que seus irmãos estavam contra ela e que a chamavam de traidora da família. Isso mostra que seus irmãos não querem lidar com a traição. Querem fingir um mundo perfeito, que não existe nesta família. A traição deveria ser analisada e superada. E o pai teria que entender o que fez e pedir desculpas. Assim a reconciliação seria possível. Porém, mesmo com um pedido de desculpas, o pai não pode exigir a reconciliação. Pode ser que a ferida da filha seja tão profunda que ela não consiga se reconciliar, que não consiga mais ver o pai. Então é mais honesto manter a distância do que fingir uma reconciliação precipitada. No entanto, essa distância deve estar sempre ligada à esperança de que a reconciliação seja possível em algum momento. A condição é que o pai realmente enfrente sua culpa e perceba que machucou profundamente a filha e seu namorado. Se o pai não estiver disposto a admitir sua culpa e aceitar a dor da filha, a reconciliação não é possível. Então, o único caminho que resta para a filha é o perdão, libertar-se do poder do pai e deixar a traição com ele.

A questão é como a filha se sentirá se a reconciliação com o pai não for possível. Mesmo que ela tenha perdoado seu pai, permanece a dor de não ter havido reconciliação. Sua tarefa torna-se, então, lamentar que o pai seja como é e que ela deve continuar a viver sem contato com ele. Mas assim fica faltando algo. Pois precisamos das raízes dos nossos pais. Porém, se as raízes estiverem envenenadas, restam apenas duas opções: limpar as raízes ou cortá-las. Mas se as raízes forem cortadas, serão necessárias outras raízes para que a própria árvore da vida não seque e murche. Bons relacionamentos com amigos e com uma nova família criada por si mesmo poderia substituir essas raízes. Mas há também raízes espirituais que fortalecem nossa árvore da vida. A fé em Deus poderia fazer com que as raízes crescessem nos alicerces de Deus.

A situação é semelhante com a de um abuso sexual. O pai que abusou sexualmente da filha não pode esperar que ela se reconcilie com ele. Ele pode alimentar a esperança de que a reconciliação seja possível. Mas, para isso, ele precisa enfrentar sua culpa e deixar que seja tocado pela profunda ferida que infligiu à filha. Se ele realmente enfrentar essa culpa, então a reconciliação com a filha é possível. Mas, ainda assim, ele não pode exigir.

Uma mulher me contou que havia sido abusada sexualmente pelo pai. Ela passou por uma longa terapia e, no fim, sentiu que agora era capaz de perdoar seu pai. Então ela foi visitá-lo. Mas, assim que entrou na casa, precisou vomitar. Ela ficou muito frustrada e disse que, afinal, não tinha perdoado. Eu respondi: "Você perdoou sim. É que talvez o perdão tenha chegado só no coração, mas ainda não no corpo. Seu corpo lhe diz que você ainda não consegue suportar a proximidade do seu pai. Por isso, seu corpo lhe diz que a reconciliação ainda não é possível. Você deve ter a esperança de que, em algum momento, seu corpo te permitirá reconciliar-se com o pai e suportar chegar perto dele. Mas agora ainda é muito cedo".

A mulher que foi vítima de abuso sexual precisou primeiramente tentar curar essas feridas na terapia. Mas essa terapia foi apenas o primeiro passo para o perdão. A possibilidade de reconciliação depende, por um lado, da profundidade da ferida, mas, por outro lado, também da disposição do agressor de realmente confrontar sua culpa e de não querer justificá-la com subterfúgios. Se ele não encarar a verdade e a realidade da ferida, a reconciliação será um veneno para a filha. Então, o único caminho que lhe resta é a distância, na qual ela se sente livre da proximidade dolorosa do seu pai.

Se a filha escolhe o caminho da distância, sente-se livre, mas falta-lhe a raiz do pai. Isso é algo a lamentar e enlutar. Também aqui, a fé em Deus como Pai poderia contribuir para se sentir uma imagem paterna diferente dentro de si. C. G. Jung pensa que cada um têm uma imagem arquetípica do pai dentro de si. A filha pode entrar em contato com essa imagem interior do pai. Ou ela tenta ver a Deus como um pai que lhe apoia e fortalece, que a preenche com a energia paterna de que precisa para ter uma vida plena.

Na visão do filósofo Max Horkheimer, o princípio da justiça humana consiste em que os agressores não devem triunfar sobre suas vítimas. Se os agressores permanecerem no seu papel de agressores e triunfarem sobre as suas vítimas, nenhuma reconciliação é possível. Primeiro, os agressores devem se mover, enfrentar sua culpa. Às vezes, um pedido de desculpas não é suficiente. Então, a justiça humana exige que os agressores sejam responsabilizados e punidos. Só assim a reconciliação se torna possível na sociedade.

Ao mesmo tempo, porém, as vítimas também devem se mover. Se permanecerem na sua posição de vítimas, irão agredir, machucar e vitimar outras pessoas. Dessa forma, elas se enfraquecem a si mesmas em suas posições de vítimas. Mas não podemos demandar que a vítima saia do papel de vítima. Às vezes, a ferida é tão grave que ela não pode dar adeus ao seu papel de vítima tão rápido quanto gostaríamos. Nossa tarefa é acompanhar e fortalecer essas pessoas para que, em algum momento, elas mesmas tenham forças para se desvencilhar do papel de vítima. Assim, elas serão capazes de tomar as rédeas da própria vida.

Na história da cura do homem com a mão paralisada, podemos ver como uma pessoa se torna capaz de sair do papel de vítima (Mc 3,1-6). Havia um homem com uma mão paralisada. A mão poderia representar simbolicamente que o homem recolheu sua mão. É a mesma mão com a qual ele costumava tocar outras pessoas e estabelecer relações. É a mão que ele estendeu para outras pessoas. Pode-se dizer que é um homem que se afastou das outras pessoas e que agora permanece em seu papel de vítima. Quando Jesus o vê, diz-lhe: "Levanta-te aqui no meio" (Mc 3,3). A palavra grega *egeire* também significa: Desperta! Abra finalmente os olhos e encare a verdade. Fique no meio para que você possa voltar ao seu centro e viver sua própria vida em vez de permanecer sempre no papel de espectador e vítima. Por fim, Jesus lhe ordena: "Estende a mão" (Mc 3,5). Ele deve tomar sua vida em suas próprias mãos e moldá-la e não permanecer para sempre no papel de ferido. O homem que permaneceu no papel de vítima, que se retirou e não quis queimar os dedos, precisa da energia paterna de Jesus para poder sair do seu papel de vítima, tomar a sua vida nas suas próprias mãos e moldá-la. O material que ele molda com as mãos também pode incluir a experiência de abuso sexual ou a profunda ferida que vivenciou. Mas quando o material de sua história de vida é moldado, bênçãos podem vir dele para ele e para as pessoas ao seu redor.

II
Dimensões da reconciliação

Reconciliação
consigo mesmo

A reconciliação consigo mesmo é o requisito para a reconciliação entre amigos e povos e para a reconciliação na família, na empresa, na Igreja e na sociedade. Quem está dividido dentro de si também divide a sociedade ou o grupo em que vive. Somente aqueles que se propõem primeiro a reconciliar-se consigo mesmos podem viver reconciliados com os outros.

Não é tão fácil reconciliar-se consigo mesmo. Muitas vezes estamos de mal com nós mesmos, com os diferentes anseios dentro de nós. Não conseguimos nos perdoar quando cometermos um erro que arranha nossa imagem externa. Não conseguimos dizer sim à nossa história de vida. Nós nos rebelamos contra o fato de que tivemos uma certa criação, que nascemos em determinada situação da história mundial, que nossos sonhos de vida não puderam ser realizados, que fomos profundamente traumatizados quando crianças e impedidos de nos desenvolver plenamente.

Algumas pessoas passam a vida toda em acusação e revolta contra seus destinos. Até o fim de suas vidas, acusam seus pais de não terem dado o amor que necessitavam. Acusam a sociedade de não ter lhes proporcionado as oportunidades que esperavam. Os outros são sempre os culpados pela sua miséria. Sentem-se vítimas a vida toda. Com isso, dão desculpas para sua recusa em viver. Negam-se a se reconciliar com as suas histórias de vida e, ao mesmo tempo, recusam-se a assumir a responsabilidade pelas suas vidas.

Aquele que vive sem conciliar-se consigo mesmo nunca terá a experiência da cura interior. Dele não vem nenhuma reconciliação, apenas a amargura, a acusação e a divisão.

Friedrich Nietzsche sabe como pode ser difícil, mas também como é necessário para a nossa paz interior, que nos reconciliemos com nós mesmos: "Dez vezes é preciso reconciliar-te contigo mesmo; pois superação é amargura, e dorme mal o não reconciliado"[8]. Quem não se reconcilia consigo mesmo está se prejudicando, ou, como diz Nietzsche, "dorme mal".

Jesus sempre nos chama à reconciliação com nosso adversário interior. O Sermão da Montanha diz: "Entra logo em acordo com teu adversário, enquanto estás com ele a caminho do tribunal, para que ele não te entregue ao juiz, e o juiz ao oficial de justiça, e sejas posto na cadeia. E eu te garanto que não sairás dali até que tenhas pago o último centavo" (Mt 5,25-26).

---

8. NIETZSCHE, F. *Assim falou Zaratustra*. São Paulo: Companhia das Letras, 2011, p. 27.

O teólogo americano John A. Sanford defende que essas palavras não devem ser interpretadas do ponto de vista do adversário externo, mas do ponto de vista do "adversário interno": "É aquele que pensa os pensamentos que não queremos reconhecer como nossos próprios, que tem sentimentos e necessidades que não ousamos expressar abertamente, porque senão colocaríamos em risco a nossa postura adequada, a nossa "imagem". É aquele que tentamos esconder dos outros – geralmente sem sucesso – por medo de sermos rejeitados, e que também tentamos esconder de nós mesmos, porque achamos que não suportamos vê-lo"[9]. Devemos conversar com esse "adversário interior" enquanto estamos a caminho e nos reconciliar com ele. Caso contrário, o juiz – imagem do nosso próprio superego – nos jogará na "cadeia", no calabouço de nossas autocensuras e de nossas compulsões e angústias[10]. Uma vez que nos enfiamos nessa prisão interior, não conseguimos mais sair tão facilmente. Por isso, enquanto ainda estamos a caminho, devemos fazer as pazes com nosso adversário interior.

C. G. Jung disse uma vez que a neurose que muitas vezes nos controla é, frequentemente, o substituto de um sofrimento legítimo. Sofremos porque nos recusamos a aceitar o sofrimento de nós mesmos e nossa divergência. Como nos recusamos a nos reconciliar com nossa verdade interior, que nem sempre é agradável, somos punidos,

---

9. Cf. SANFORD, J.A. *Alles Leben ist innerlich. Meditationen über Worte Jesu.* Freiburg, 1974, p. 90s.

10. Ibidem, p. 96s.

por assim dizer, por nossa própria alma, permanecendo na prisão de nossa neurose. Só sairemos dessa prisão quando tivermos "pago o último centavo", quando tivermos a coragem de fazer as pazes com o nosso adversário interior e de aceitar as nossas divergências. "Pagar o último centavo" significa, portanto, que nos punimos ao nos recusarmos a nos reconciliar com nosso adversário interior. Temos que cumprir a pena que infligimos a nós mesmos por nos recusarmos a nos reconciliar com nossos lados sombrios, com nossas falhas e fraquezas. Quem não se torna consciente de seus lados sombrios e, em vez disso, sempre os reprime, experimenta o efeito destrutivo que eles tem sobre si. Por isso, é nossa tarefa nos reconciliar com nossos lados sombrios.

Como encorajamento à reconciliação com o adversário interior, pode-se também interpretar as palavras de Jesus no Evangelho de Lucas: "qual o rei que, saindo a campo para fazer guerra a outro rei, não senta primeiro e examina bem se com dez mil pode enfrentar o outro que contra ele vem com vinte mil? Do contrário, quando o outro ainda está longe, envia uma delegação para negociar a paz" (Lc 14,31s.). O adversário interior pode ser nosso medo, nossa sensibilidade, nossa tristeza, nossa inveja, nosso ciúme, nosso vazio, tudo aquilo que experimentamos como fraquezas. Queremos superar todas as nossas fraquezas. Mas a proporção dos dois adversários mostra que nessa luta só podemos perder. Ou gastamos toda a nossa energia lutando contra o inimigo dentro de nós. Mas então despertamos nele uma força contrária que não somos capazes de enfrentar.

Quando, há 59 anos, entrei para o mosteiro, pensei que, com os meus "dez mil soldados", com a minha força de vontade, com a minha disciplina, com o meu ascetismo, poderia superar todas as minhas fraquezas. Mas, depois de alguns anos, caí de cara no chão e percebi: tenho que me reconciliar com meus "adversários internos". Os adversários não são tão hostis assim. Eles só me parecem hostis porque contradizem minha imagem de mim mesmo. Minha sensibilidade contradiz a imagem da pessoa com autocontrole, minha impaciência contraria a imagem do monge sereno. Quando me reconcilio com esses "inimigos", eles se tornam amigos. Eles me levam a uma verdadeira serenidade e humildade.

O caminho para a paz interior é através da reconciliação comigo mesmo e com tudo o que eu considerava em mim como inimigos. Quando faço as pazes com meus inimigos internos, quando me reconcilio com eles, experimento uma expansão da minha vida. Em sentido figurado: minha terra está se expandindo e, em vez de dez mil soldados, eu tenho agora trinta mil. Eu tenho, portanto, mais energia. Muitos desperdiçam sua energia lutando contra os supostos inimigos internos. Quando me reconcilio com meus inimigos internos, então eles se tornam meus amigos. Enquanto eu lutar contra o meu medo, ele vai ficar cada vez mais forte. Quando me reconcilio com ele, recebo em troca paz e liberdade interior.

Os cinco passos da reconciliação consigo mesmo

Para mim, o caminho para a reconciliação consigo mesmo se dá em cinco passos:

1. Reconciliação com a minha história de vida.
2. Dizer sim para mim.
3. Reconciliação com a própria sombra.
4. Reconciliação com o próprio corpo.
5. Reconciliação com a própria culpa.

Passo 1:
Reconciliação com a minha história de vida

Reconciliar-se consigo mesmo significa, antes de tudo, reconciliar-se com a própria história. Não importa em que época nascemos, sempre há situações que gostaríamos de ter evitado. Não existe nunca uma época ideal para ter nascido. E não existem pais ideais que desejaríamos para nós. Ainda que os pais tivessem as melhores intenções, nós nos machucamos quando crianças. Mesmo no relacionamento com nossos irmãos e irmãs, vivenciaremos situações em que os outros são preferidos e que nós somos desfavorecidos. Por mais justos que sejam os pais, ainda teremos a sensação que não estamos recebendo atenção na mesma medida.

Contudo, muitos têm que carregar um grande fardo. Perderam o pai ou a mãe muito cedo. Ou não podia contar com o pai. Ele bebia e era imprevisível depois de beber excessivamente, de modo que toda a família era condicionada a ter medo dele. A mãe tinha depressão e não podia transmitir às crianças uma confiança básica. Uma criança foi deixada com parentes porque a mãe não se via em condições de criá-la. Meninas e meninos foram abusados por parentes próximos ou até mesmo pelo próprio pai. São dívidas não tão fáceis de quitar. E, muitas vezes, é preciso terapia para superar essas feridas. Mas toda ferida pode cicatrizar. Não podemos escolher a nossa infância. Mas, em algum momento, temos que assumir a responsabilidade pela nossa infância. Devemos nos reconciliar com tudo o que vivenciamos e sofremos. Somente quando estivermos dispostos a nos reconciliar com nossas feridas é que elas podem se converter. Para Hildegard von Bingen, a verdadeira tarefa do ser humano é transformar suas feridas em pérolas. Mas isso só pode ser alcançado se eu disser sim às minhas feridas, se eu parar de responsabilizar os outros. Pois só pode ser transformado aquilo que eu aceitei.

No entanto, a reconciliação com minhas feridas, antes de tudo, passa por permitir a dor e a raiva daqueles que me machucaram. A reconciliação com minhas feridas significa, ao mesmo tempo, que perdoo aqueles que me feriram. Entretanto, o processo do perdão muitas vezes leva um longo tempo. O perdão não é simplesmente um ato de vontade. Tenho de atravessar mais uma vez o vale das lágrimas para chegar à margem da reconciliação. De lá, posso olhar para trás e entender que meus pais não me machucaram conscientemente, mas apenas porque eles mesmos foram machucados quando eram crianças.

Não há reconciliação com a minha história de vida sem perdão. Preciso perdoar aqueles que me magoaram. Só assim posso me desapegar do passado, só assim posso me libertar das constantes voltas em torno das minhas feridas, só assim posso me libertar da influência destrutiva daqueles que me magoaram e desvalorizaram.

Muitos culpam a Deus por sua história de vida marcada por feridas. Eles precisam da acusação contra Deus a fim de ter uma razão para negar suas vidas. É culpa de Deus por terem sido inseridos nessa constelação familiar, por terem essas ou aquelas características, por terem tantas deficiências e carregarem fardos tão pesados. Deus os tratou injustamente, os abandonou e não cuidou deles. Assim, vivem irreconciliados, dilacerados dentro de si, insatisfeitos consigo mesmos e com o mundo inteiro, em constante protesto contra Deus, que seria responsável pelo seu destino. Eles não conseguem perdoar a Deus por ter lhes dado essa sina. Alguns têm dificuldades diante da ideia de que devem perdoar a Deus. Mas também faz parte da aceitação da nossa própria história de vida que possamos perdoar a Deus pela história que Ele nos incumbiu.

Passo 2:
Dizer sim para mim

Reconciliar-se consigo mesmo significa também dizer sim a quem me tornei, dizer sim às minhas capacidades e potências, mas também dizer sim a minhas falhas e fraquezas, aos meus riscos, aos meus pontos sensíveis, aos meus medos, às minhas tendências depressivas, à minha incapacidade de conexão, à minha baixa perseverança. Em alemão a palavra *versöhnen* [reconciliar] vem de *versühnen*. Esta significa "fazer as pazes", "intermediar". Mas também significa "tratar com carinho", "beijar". Reconciliar-se consigo mesmo significa, então: olhar com carinho para o que não condiz nada comigo, para o que contradiz completamente a minha autoimagem, para a minha impaciência, o meu medo, a minha baixa autoestima. Dizer sim a si mesmo é um processo para toda a vida. Pois mesmo que pensemos que há muito nos reconciliamos com nós mesmos, sempre surgem em nós alguns lados que nos irritam, que preferiríamos negar. Então é sempre necessário dizer sim a tudo o que está em mim.

Passo 3:
Reconciliação com a própria sombra

Dizer sim a mim mesmo significa reconciliar-me com a minha sombra. A sombra, para C. G. Jung, é aquilo que não permitimos, que excluímos da vida porque não correspondia à nossa imagem de nós mesmos. O ser humano, diz Jung, é polar por natureza. As pessoas sempre se movem entre dois polos: entre a razão e emoção, entre a disciplina e o desapego, entre o amor e a agressividade, entre o medo e a confiança, entre a fé e a dúvida, entre anima e animus, entre o espírito e o instinto.

É bastante normal desenvolvermos um polo na primeira metade da vida enquanto negligenciamos o outro. O polo negligenciado é então banido para o subconsciente, para as sombras. Lá, no entanto, ele não nos dá paz, permanece remoendo dentro de nós. A emoção reprimida se expressa em nós como sentimentalismo. Somos inundados com nossos sentimentos e não conseguimos mais lidar com eles de modo adequado. Quando reprimimos nossa agressividade por não corresponder à nossa autoimagem, muitas vezes ela se manifesta na dureza e na frieza, ou então na depressão, quando direcionamos a agressão contra nós mesmos. Ou, ainda, ela se mostra em nós como agressão passiva. Externamente, somos amigáveis. Mas os outros percebem a agressão em nós. E assim tornamos os outros agressivos quando falam conosco.

Na meia-idade, no máximo, somos desafiados a encarar a nossa sombra e a nos reconciliarmos com ela. Caso contrário, adoecemos, caso contrário surge em nós um conflito interno e ficamos dilacerados por dentro. Devemos nos reconciliar com o fato de que em nós não há apenas amor, mas também ódio, que apesar de todas as aspirações religiosas e morais, também há em nós tendências assassinas, traços sádicos e masoquistas, agressões, raiva, ciúmes, disposições depressivas, medo e covardia. Dentro de nós não só há um anseio espiritual, como encontramos também domínios ímpios que não querem ser piedosos. Dentro de nós não há apenas a experiência da satisfação, mas também a sensação de vazio.

Quem não encara a própria sombra inconscientemente a projeta nos outros. Não admite a própria falta de disciplina e a vê apenas nos outros. Assim, repreende o cônjuge, o amigo e o colega de trabalho por viverem suas vidas de forma inconsequente e por se descuidarem demais. Ou projetamos o nosso próprio vazio interior nos outros, vendo-os como superficiais e vazios, mas percebendo a nós mesmos como pessoas espiritualizadas. Aceitar a própria sombra não significa simplesmente vivê-la, mas antes de tudo admiti-la para si mesmo. Isso requer humildade, a coragem para descer de sua elevada imagem ideal, para se abaixar na imundície da própria realidade. A palavra latina para humildade, *humilitas*, significa que aceitamos nosso caráter terroso, terrulento, o húmus dentro de nós. Assim, estaremos também fincados na terra, com os dois pés no chão.

Passo 4:
Reconciliação com o próprio corpo

A reconciliação consigo mesmo também inclui a reconciliação com o próprio corpo. Isso não é assim tão fácil. Não podemos mudar o corpo. Nas conversas, sempre volto a constatar que muitas pessoas sofrem com seu corpo. Seu corpo não se tornou aquele que gostariam de ter. Não corresponde à imagem ideal de homens ou mulheres que a moda de hoje tem na sociedade. Sentem-se muito gordos e, por isso, têm vergonha. Não acham que seu rosto seja atraente. Sentem-se desfavorecidos em sua constituição corporal. Mulheres sofrem quando são muito altas, homens quando são muito baixos.

É somente quando amo meu corpo, da forma como ele é, que ele se torna belo. Afinal, a beleza é relativa. Até uma boneca sem vida pode ser bonita, porém ela não tem expressão e é fria. Beleza significa que o esplendor de Deus brilha através de mim. Mas só será assim se eu aceitar meu corpo e entregá-lo a Deus. Só assim pode tornar-se transparente para o amor e a beleza de Deus. O belo vem do olhar. Segundo Platão, somos belos quando nos olhamos com amor. Só ficamos feios quando nos odiamos.

Para alguns que sofrem com sua história de vida, com sua sombra ou com seu corpo, eu lhes dou como um exercício para se sentar conscientemente em frente ao ícone na igreja e dizer, olhando para Jesus Cristo: "Está tudo bem. Tudo pode ficar do jeito que está. Tudo tem seu sentido. Agradeço por ter me tornado do jeito que sou agora. Agradeço pela minha história, pelos altos e baixos, pelos desvios e descaminhos. Você me guiou. Agradeço pelo meu corpo. Ele é único. Nele eu me sinto em casa. É o templo do Espírito Santo, o lugar do teu esplendor". Isso muitas vezes não é nada fácil. Quando acabo de me deparar com minha necessidade, tenho relutância em agradecer por isso. E quando me rebelo contra meu corpo, não me é tão fácil afeiçoar-me a ele. Mas a possibilidade de amar ou não o meu corpo depende não apenas da sua constituição, mas do meu próprio modo de olhar. Cada corpo é belo quando olho para ele sem preconceito e com amor, quando o vejo como uma obra de arte de Deus.

Reconciliar-se com o corpo também significa lidar amorosamente com os lugares que me causam dor, com meus ombros tensos, com minhas dores nas costas, com meus quadris, meus joelhos ou meus pés que me doem. Uma maneira de me reconciliar com minhas partes doloridas consiste na concepção de que meus ombros tensos e minhas dores nas costas mostram que assumi o fardo de outras pessoas e, assim, as aliviei do fardo delas. Meus joelhos ou pés doloridos mostram que eu percorri muitos caminhos até outras pessoas. E confio em que, ao estender a mão aos outros, eu trouxe bênçãos para eles.

A Sra. Wu, minha editora em Taiwan, contou-me sobre uma mulher que ela conheceu em um de seus cursos lá. Ela quase não tinha mais uma voz. Seu marido lhe disse para não interagir mais com outras pessoas, porque não era possível compreender sua voz áspera e fraca e porque seria desagradável para os outros. Mas durante o curso com a Sra. Wu, ela entendeu: como professora, dei minha voz às alunas e aos alunos. E agora eles levantam suas vozes na sociedade. Nas vozes deles também está presente a minha voz.

O corpo é o armazenador de memória da minha vida. Tudo o que vivi está compactado no meu corpo. Por isso, a reconciliação com o corpo é também a reconciliação com a minha história de vida, que deixou marcas no meu corpo. Posso interpretar essas marcas de modo que contribuí com algo para o mundo. Tudo o que dei aos outros se reflete no meu corpo. Em vez de ficar chateado por meu corpo – especialmente na velhice – mostrar sinais de desgaste e não poder mais fazer tudo do jeito que eu gostaria, por me causar dor em algumas partes, eu olho com gratidão para ele. Pois com meu corpo eu intercedi por outras pessoas, eu me dediquei a elas em amor. Com essa atitude, trato meu corpo com carinho. Assim, satisfaço as belas palavras de Santa Teresa de Ávila, de que devemos tratar o corpo de tal forma que a alma goste de habitar nele.

Passo 5:
Reconciliação com a própria culpa

Ainda mais difícil para nós é nos reconciliarmos com nossa própria culpa e perdoá-la. Só podemos perdoar a nós mesmos se acreditarmos, de todo o coração, que Deus nos perdoou e que somos incondicionalmente aceitos por Deus. Muitos não levam o perdão de Deus a sério. Dizem que acreditam no perdão de Deus. Eles se confessaram e reconheceram a culpa. Mas, no fundo de seus corações, eles não se desculparam por sua falha. Ainda se recriminam por terem contraído essa culpa na época. Vejo homens mais velhos que lutaram na guerra se condenarem e se amaldiçoarem. Lembram-se das atrocidades em que estiveram implicados. Por muitos anos, reprimiram essas memórias. Agora, elas vêm à tona. E eles não conseguem mais se perdoar. Eles não podem acreditar que Deus realmente os perdoou. Então, eles se flagelam com acusações de culpa. Eles têm dentro de si um juiz impiedoso que os condena impiedosamente.

Deus é muito mais misericordioso conosco do que nós mesmos. "Pois se o nosso coração nos acusa, maior do que o nosso coração é Deus que sabe tudo" (1Jo 3,20). Acreditar no perdão de Deus significa colocar Deus no lugar do nosso superego impiedoso, confiar em que Deus aceita tudo em nós, que Ele, há muito tempo, já jogou fora, lavou e transformou aquilo que ainda nos censuramos. A fé no perdão de Deus fará com que desviemos nosso olhar de nossa própria culpa e o direcionemos para a misericórdia de Deus. Diante dos olhos benévolos de

Deus, podemos encontrar a paz em nós mesmos e dizer sim a nós, que somos inteiramente afirmados por Deus.

O perdão diante de si mesmo é, às vezes, até mais difícil do que perdoar ao outro. Em conversas, costumo ouvir que não é possível se perdoar a si mesmo. Muitas vezes, não é pelas coisas mais dramáticas que não nos conseguimos perdoar. Uma mulher não consegue se perdoar porque não estava presente no momento da morte de sua mãe, mesmo que ela sempre tivesse desejado isso. Um homem não consegue se perdoar por ter sido culpado de um erro no trabalho que causou danos à empresa. Uma empresária não consegue se perdoar porque contou ao seu gerente algo sobre suas fraquezas e ele acabou espalhando para todo mundo. Quando pergunto por que as pessoas não conseguem se perdoar, muitas vezes percebo: não consigo me perdoar porque meu comportamento não corresponde à minha imagem ideal de mim mesmo. Achamos difícil dar adeus a essa imagem ideal. Não é a imagem que Deus fez de nós, mas a imagem que vestimos sobre nós mesmos, que gostaríamos de ser, mas não somos.

Perdoar a si mesmo é o requisito para que possamos viver conscientes e atentos no momento, sem a turvação da culpa passada, pela a qual ainda nos recriminamos secretamente. No profeta Isaías, Deus nos fala: "Ainda que vossos pecados sejam como púrpura, ficarão brancos como a neve. Se forem vermelhos como o carmesim, ficarão como lã" (Is 1,18). Quando Deus nos perdoa, nossa culpa perde seu poder, ela não pode mais nos enturvar, então não é mais visível em nossa pele. Em vez disso, torna-se branca como a neve, como se recém-nascida. Podemos começar tudo de novo. O que é passado já não nos sobrecarrega. Mas também devemos crer no poder do amor perdoador de Deus, perdoando a nós mesmos e, assim, libertando-nos do poder destrutivo da nossa culpa.

Caminhos para o amor próprio

Os cinco passos da reconciliação consigo mesmo giram em torno da aceitação. Aceitar-se é uma forma de amor próprio. Mas a questão é como pode ser esse amor. A alguém que está constantemente se criticando e se rejeitando, não posso exigir que se ame. Essa pessoa não conseguiria.

Um caminho para o amor próprio é dizer adeus às ilusões que eu criei sobre mim mesmo. Muitos não conseguem se amar porque as imagens que têm de si mesmos não condizem com a sua realidade. Por isso, é importante resignar-me de que não sou tão ideal quanto imagino. Assim, posso me olhar com gratidão e tentar me amar como sou, com minha própria história de vida, com meu corpo e com meu caráter.

Outra maneira de amor próprio passa por reconhecer que do fundo da minha alma jorra uma fonte de amor. É a fonte do amor divino. Trata-se simplesmente de deixar esse amor divino fluir pelo meu corpo, pela minha história de vida, pela minha sombra. Quando sinto que toda a minha realidade é permeada pelo amor de Deus, posso acompanhar esse movimento do amor divino e tentar me amar com ternura.

Posso praticar esse amor próprio no horizonte do amor de Deus tendo em mente que, na respiração, o amor de Deus flui em mim. Na oração do coração, digo as palavras "Jesus Cristo" enquanto inspiro, tendo em mente que deixo o amor de Jesus fluir em meu coração. Ao expirar, deixo esse amor fluir para todo o corpo, especialmente para as áreas do meu corpo e da minha alma que eu não consigo aceitar tão bem. Então, depois de um tempo, você se sente completamente permeado pelo amor carinhoso de Jesus. Isso me permite amar a mim mesmo porque já estou repleto do amor de Jesus.

Outra forma de amor próprio passa pela decisão: eu escolho me amar. Isso exige, ao mesmo tempo, que eu diga adeus às minhas próprias imagens ideais e às ilusões que criei para mim e para minha vida. O amor próprio, portanto, sempre tem a ver com humildade, com a disposição de descer do trono da minha autoimagem idealizada e descer até as minhas próprias áreas sombrias e lá descobrir o amor de Deus. Adentro a minha própria sombra não com relutância, mas com amor.

A BASE PARA A RECONCILIAÇÃO COM OS OUTROS

Todos os passos de reconciliação consigo mesmo, que consideramos anteriormente, são a base para a reconciliação com os outros. Pois quando eu tiver descido às minhas áreas sombrias com amor, não condenarei os lados sombrios do outro, mas os olharei com amor. Quando eu tiver me aceitado com todos os meus lados sombrios, também serei capaz de aceitar o outro com seus lados obscuros. E essa aceitação é a condição para que eu me reconcilie com ele. O mesmo se aplica à reconciliação com a própria culpa e ao tratamento adequado dos sentimentos de culpa. Se eu reprimir minha culpa, vou projetá-la nos outros e rejeitá-los. Somente quando eu confrontar minha própria culpa e me sentir aceito por Deus com minha culpa é que vou deixar de julgar e rejeitar os outros, estando aberto a me reconciliar com pessoas que também se tornaram culpadas. Não vou condená-los, mas sim tentar compreendê-los. E a compreensão é o requisito para que eu possa apoiá-los em vez de rejeitá-los.

Reconciliação com os outros

Reconciliação na família

Um campo em que se exige reiteradamente a reconciliação, para que a convivência seja possível, é a família. Isso se aplica, por um lado, à reconciliação entre cônjuges, mas também à reconciliação entre pais e filhos, bem como entre irmãos. E também à reconciliação no leito de morte.

No casamento

Entre cônjuges há sempre mal-entendidos, conflitos, brigas e, às vezes, até desavenças profundas. Também aqui a reconciliação só é possível se antes houver o perdão. Mas isso não é simples quando meu parceiro me feriu profundamente. É importante não ignorar a ferida. Porque isso me deixa cada vez mais distante do meu parceiro ou parceira. Nós nos fechamos um para do outro e só conversamos sobre coisas superficiais. Muitas vezes nos acusamos mutuamente por nossas feridas. Julgamos que o outro seja maldoso. Então provocamos no outro uma reação contrária. Ele então nos machuca. Ou se justifica. Sente-se atacado e quer se defender. Mas assim não é mais possível um diálogo real.

No caso de conflitos entre cônjuges, é necessária uma forma diferente de diálogo. Digo ao meu parceiro onde me sinto ferido e que palavra ou comportamento me feriu. Não faço nenhuma acusação. Muitas vezes ele nem sabe que me feriu com seu comportamento. Ao informá-lo sobre isso, deixo-lhe a liberdade de reagir. Ele pode então pensar sobre isso. E podemos refletir sobre como poderíamos ser mais atenciosos em nosso diálogo. No diálogo, podemos analisar o incidente: quais palavras machucam a mim ou à outra pessoa? Com que áreas sensíveis me deparo quando me sinto ferido? E qual é a causa em mim mesmo quando eu machuco o outro? Que padrões da minha infância me dominam no momento da ferida? Estou assumindo um padrão que conheço dos meus pais?

Um homem me disse que, inconscientemente, assume o padrão de acusação e condenação, igual ao de seus pais, quando fala com seus colegas de trabalho. Ele está tentando trabalhar contra essa tendência. Mas ele sempre se vê caindo no mesmo padrão. Tanto em nosso comportamento que fere quanto em nosso ser ferido, podemos reconhecer nossa própria história de vida e a história de vida de nosso parceiro ou parceira e olhar para ele ou ela com amor. Se resolvermos o conflito em uma conversa devidamente atenciosa, não há necessidade de reconciliação. No diálogo já surge uma nova convivência.

Também ao relacionamento amoroso se aplica o princípio da filosofia estoica: "Não são as pessoas que te ferem, mas os dogmatas, as concepções que você faz das pessoas". Não é o outro que nos fere, mas as concepções que temos do outro e às quais ele não corresponde. As mulheres muitas vezes se sentem magoadas quando os homens não falam sobre seus sentimentos ou quando eles não percebem que elas não estão sentindo bem, que elas estão estressadas com a criação dos filhos ou do cuidado com parentes em necessidade. O homem não quer machucá-la. Mas como ele não atende às suas expectativas de que deveria perceber que ela está sobrecarregada, ela se sente machucada. Em contrapartida, o homem sente-se magoado com a esposa quando, assim que chega do trabalho em casa, ela lhe enche de incumbências. Ele acha que ela deveria notar que ele está cansado do trabalho e deixá-lo em paz. A tarefa então seria dar adeus às concepções que tenho do outro, mas também das que tenho de mim mesmo. Dizer adeus a essas concepções pode nos levar a um relacionamento mais profundo, no qual um aceita e ama o outro como ele é.

A reconciliação fica torna mais difícil se o parceiro ou parceira me trai, quando ele ou ela entra em um relacionamento secreto com outra mulher ou homem. Na linguagem popular, isso é chamado de "pular a cerca". Se a esposa descobre mensagens de amor de outra mulher no celular do marido e os encontros secretos que eles marcaram, então sua confiança no homem fica completamente destruída. Depois dessa quebra de confiança, ela não pode perdoá-lo logo de cara. Primeiro, é necessário confrontar honestamente a traição. Mesmo nesse confronto, entretanto, não adianta apenas acusar e insultar o outro, mas antes de tudo perguntar: como é esse relacionamento? Por que você precisa dela? Como chegou a ela? O que te faz falta no nosso relacionamento? Você ainda me ama? E é importante mostrar a própria ferida profunda.

Se a reconciliação é ou não possível depois dessa quebra de confiança, isso depende de como o parceiro reage.

Se ele nega tudo ou minimiza a gravidade da relação extraconjugal, é difícil se reconciliar. Mas se ele falar honestamente a respeito, então os parceiros podem olhar para a situação abertamente e se perguntar: o que foi que negligenciamos no nosso relacionamento? O que você quer de mim? O que representa essa relação extraconjugal? Qual é o desafio para nós? Preciso de uma mensagem clara do meu parceiro, de que ele se decidiu por mim e quer terminar o relacionamento extraconjugal.

A reconciliação precisa de um novo começo na relação. Nas conversas, ouço muitas vezes que a esposa perdoou o marido e se reconciliou com ele, mas nela ainda permanece a desconfiança: posso realmente confiar no meu marido? O homem tem a tarefa de fortalecer a confiança da mulher. E a mulher se depara com a tarefa de olhar para sua própria história de vida. Como me sentia, ao longo da minha história, em relação à confiança e à quebra de confiança? Na minha infância, aprendi a ter uma forte autoconfiança e também confiança nas pessoas? Ou sou fundamentalmente desconfiado? A reconciliação não é simplesmente um ato de vontade, mas requer uma discussão honesta consigo mesmo e com a própria capacidade ou incapacidade de perdoar e reconciliar.

Nas conversas, ouço repetidamente como até mesmo filhos já adultos sofrem quando seus pais estão completamente brigados um com o outro. Às vezes, os filhos se sentem culpados. Eles se sentem responsáveis por fazer com que seus pais se entendam. Mas não conseguem reconciliar os pais. Às vezes, eles também pensam que é culpa deles mesmos que seus pais não se entendam, sobretudo quando eles discutem sobre diferentes estilos de criação. Porém, mesmo adultos, os filhos não são responsáveis pela briga dos pais. A tarefa deles é se proteger do conflito dos pais, para que possam encontrar reconciliação consigo mesmos e com suas vidas, apesar da briga dos pais. Um homem me contou que, sempre que visita seus pais, tanto seu pai quanto sua mãe tentam usá-lo para resolver a briga. Às vezes, pai e mãe querem puxá-lo cada um para seu lado, a fim de que ele lhes dê razão na disputa. Embora o homem sinta que não pode reconciliar seus pais, sente-se culpado pelo fato de eles não conseguirem encontrar uma maneira de se entenderem e de serem incapazes de se reconciliar.

Entre irmãos

A reconciliação também é importante entre irmãos. Há irmãos que se davam bem um com o outro na infância. Mas então, de repente, um irmão ou irmã teve mais sucesso. E ele ou ela me tratou com arrogância, me humilhou. Isso não pude suportar. Retirei-me e rompi o contato internamente, mesmo que ainda conversasse com meus irmãos. Uma mulher contou que o irmão mais velho sempre a magoava. Ele tinha ciúmes de que ela se dava bem com o pai. Isso fez com que seu irmão se ressentisse e, por isso, a criticava constantemente e a desvalorizava como mulher.

A desavença entre irmãos costuma ser pior ainda quando se trata de herança. Por exemplo, uma mulher descobre que sua irmã influenciou unilateralmente sua mãe a escrever o testamento. Ou o irmão pressionou o pai para que deserdasse a filha, embora ela cuidasse dele muito mais do que o irmão. Muitas vezes, essa desavença só se torna visível quando o testamento é aberto perante o tribunal. Não se pode simplesmente ignorar essa injustiça. Eu tenho que dar nomes aos bois. Mas daí vem a questão de como lidar com isso, se guardo por toda a minha vida um profundo rancor contra meu irmão ou irmã, ou se a reconciliação é possível. A reconciliação, naturalmente, depende de ambos. Às vezes ainda não sou capaz de perdoar o irmão que me passou para trás desse jeito. Muitas vezes, porém, é o irmão que só se justifica e, por vontade própria, deixa de ter contato comigo. Ele tem que se justificar com tanta veemência porque quer reprimir sua má consciência. É preciso tempo e conversas honestas até que o perdão e a reconciliação se tornem possíveis. Nesse sentido, é importante olhar honestamente para todos os seus sentimentos e expressá-los. Só assim algo poderá ser esclarecido.

Muitas vezes, a discórdia entre irmãos vem à tona quando seus pais morrem. Não apenas por questão da herança, mas também de como o funeral deve ser organizado, como proceder com a casa dos pais. Essas discordâncias são frequentemente causadas por feridas antigas. De repente, um dos filhos sente que seu irmão era o preferido ou que sua irmã tinha a melhor relação com sua mãe. Todas as discussões sobre a organização do funeral e o acerto da herança são influenciadas pela relação dos irmãos com os pais e pelas antigas rivalidades e feridas. Então, é tarefa dos irmãos reconciliarem-se com o seu próprio papel na família e reconhecer os papéis dos outros.

Embora eu possa exercer o perdão como um ato de autolibertação apenas para mim, para a reconciliação eu preciso sempre da outra pessoa. Mesmo que eu esteja disposto a me reconciliar com o irmão que sente ter sido injustiçado na herança, pode ser que ele recusar qualquer conversa e qualquer reconciliação. Então a reconciliação com ele não é possível. Pois eu não posso renunciar completamente a mim mesmo só para que meu irmão fique satisfeito. Porque ele também pode usar essa teimosia como padrão para impor sua vontade contra todos os outros irmãos e irmãs. Mas isso não leva à reconciliação. Se ele não está disposto a se reconciliar, então eu devo tentar me reconciliar com essa situação. Tenho que realizar o luto pelo fato de que o irmão está quebrando a harmonia da família. Nesse luto, sinto a dor de que a família não está mais unida, de que ela está se desagregando. Devo permitir a dor. Mas não posso dar tanto poder ao irmão não reconciliado de modo que ele domine nossas reuniões familiares falando apenas sobre ele. Ao mesmo tempo, o luto significa que estamos inteiramente comprometidos com a nossa união, que gostamos de estar no nosso círculo familiar e não permitimos que ela seja afetada pelo irmão teimoso.

Nossa primeira reação ao ser ferido por um membro da família muitas vezes não é reconciliação, mas sim a vingança. O outro nos machucou. Então eu o machuco também. Assim eu não estarei sozinho no meu sentimento de estar ferido. Eu machuquei o outro. Ele também se sente mal agora. Mas revidar a ferida ao outro, igualmente machucando-o, causa só um breve contentamento de início. A longo prazo, esse mecanismo não ajuda. Pois, desse modo, leva a um círculo vicioso de ferir e ser ferido. Se ninguém sair desse círculo vicioso, a convivência se torna insuportável. Alguns se perdem em seus sentimentos de vingança. Ficam sempre procurando novas maneiras de praticar a vingança. Geralmente, porém, eles machucam a si mesmos. São dominados por sua vingança e, no entanto, não alcançam com ela nenhum objetivo.

Eu vivi em uma família onde o sentimento de vingança de um irmão diante dos outros fez com que toda a herança fosse devorada por disputas judiciais. No final, ninguém herdou nada. O irmão acabou prejudicando a si mesmo. Mas a vingança era, para ele, mais importante do que o dinheiro que ele perdeu no final das contas. Humildade é também admitir que eu sinto tais tendências de vingança em mim mesmo quando me ferem. Eu não preciso ficar surpreso com isso. Entretanto, é minha responsabilidade não dar espaço para esses desejos de vingança. Olho para ela, mas depois deixo ela seguir em frente e decido me reconciliar internamente com a minha ferida. Ela dói. Mas também me escancara para o meu verdadeiro eu.

Deus não recrimina Caim por ter sentimentos de vingança contra seu irmão Abel. Ele obviamente tem compreensão quanto a isso. Mas pede que ele olhe mais de perto para seus sentimentos e os domine. Deus pergunta a Caim: "Por que estás enfurecido e andas com o rosto abatido? Não é verdade que, se fizeres o bem, andarás de cabeça erguida? Mas se não o fizeres, o pecado não estará à porta, espreitando-te como um assaltante? Tu, porém, terás de dominá-lo" (Gn 4,6s.). Evidentemente, Caim achava que seu irmão Abel fosse preferido pelos seus pais. Eles lhe atribuíram o trabalho mais fácil, cuidando das ovelhas, enquanto Caim tinha que trabalhar a maldita terra com muito esforço. Deus fala de um assaltante, um demônio que quer dominar Caim usando o sentimento de vingança. A tarefa de Caim, porém, consiste em não dar poder a esse demônio. Como a história mostra, Caim não seguiu o conselho de Deus e matou seu irmão Abel. Mas sua vingança não lhe trouxe nada. Pelo contrário, teve de fugir de si mesmo e das pessoas. O sentimento de culpa não lhe deixava em paz.

ENTRE FILHOS E PAIS

A terceiro campo em que a reconciliação na família é necessária é a relação entre os filhos e os pais. Muitas pessoas já me contaram que tinham uma relação difícil com o pai ou a mãe. Houve muitas feridas na infância e, principalmente, no início da vida adulta. O filho era constantemente desvalorizado pelo pai. A filha foi rejeitada pela mãe porque esta só se preocupava consigo mesma. A tarefa das crianças consiste em reconciliar-se com a sua história e assumir a responsabilidade pelo seu passado. É seu trabalho dizer: "Esta é a minha história. É responsabilidade minha o que eu faço a partir dela. Por isso, é minha tarefa perdoar os pais". Mas o perdão é um longo processo em que primeiro tenho que passar pelo meu sentimento de raiva e ódio para então sentir o amor que tinha pelos meus pais. Ou, pelo menos, sentir saudades do amor dos meus pais. Se eu consigo perdoar meus pais, fico livre das expectativas em relação a eles. A outra questão é se a reconciliação é possível ou se os pais persistem em seu comportamento nocivo e desmerecedor em relação a mim. Nesse caso devo me proteger de seus insultos e deixá-los com eles. Não devo me permitir ser envenenado pelo veneno que se acumulou às vezes em meus pais.

A reconciliação acontece muitas vezes quando o filho ou a filha cuida do pai ou da mãe doentes ou quando os acompanha na velhice. De repente, a rejeição se dissolve e é possível sentir o pai e a mãe, que eles sofrem por si mesmos, que eles próprios de repente se tornam mais brandos e mais abertos, que eles podem acabar pedindo desculpas aos filhos por aquilo que não foi bom. Mas os pais também precisam se reconciliar com os seus filhos.

Uma doula da morte me disse que algumas pessoas idosas não conseguem morrer porque ainda há um conflito não resolvido com sua filha ou filho. Aguardam até que os filhos venham. A vinda dos filhos sinaliza sua disposição para se reconciliar. O pai ou a mãe no leito de morte podem, então, finalmente, demonstrar os sentimentos de amor e afeto que as crianças não receberam durante suas vidas. Então o pai ou mãe pode ir em paz.

Mesmo depois que os pais morrem, continua o processo de reconciliação. Um professor me disse: é difícil perdoar os pais vivos. Mas é ainda mais difícil perdoar e se reconciliar com os pais que morreram. Muitos processos terapêuticos giram em torno da reconciliação com pais falecidos. Também aqui se trata de expressar os sentimentos dos insultos, mas também de raiva e amargura. Só quando expressamos esses sentimentos é que o ódio dos mortos se transforma repentinamente em amor. O psicoterapeuta Albert Görres escreve sobre essa transformação dos sentimentos quando a expressamos em um acompanhamento terapêutico ou espiritual: "Se, numa psicoterapia, for trabalhado o ódio do pai ou a inveja do irmão, então isso certamente pode levar ao progresso moral na equidade, na justiça, na tolerância, na misericórdia, no julgamento de outras pessoas, na disposição para a paz"[11]. Os latinos diziam: *De mortuis nihil nisi bene*. Isso significa: "Dos mortos só se deve falar bem". Mas este ditado não surge do amor pelos mortos, mas sim do medo de que eles possam se vingar de nós. No processo terapêutico ou na conversação espiritual, é necessário expressar todos os sentimentos, mesmo os negativos, como ódio, ressentimento e amargura, na esperança de que eles se transformem. Mas não se pode ficar preso a esses sentimentos amargos. Caso contrário, você vai prejudicar a se mesmo.

---

11. GÖRRES, A. *Das Böse* – Wege zu einer Bewältigung in Psychotherapie und Christentum. Freiburg, 1982, p. 137.

Reconciliação entre amigos

Todos nós ansiamos pela amizade. Na amizade nos é permitido ser quem somos, não precisamos fazer nenhum papel. Com bons amigos podemos falar sobre tudo, inclusive sobre nossas fraquezas e problemas. Santo Agostinho já elogiava a amizade na famosa frase: *Sine amico nihil amicum*. "Sem um amigo, nada parece amigável neste mundo". Mas também na amizade surgem conflitos e há feridas. Quando o amigo ou amiga te feriu, você não quer mais ter nada a ver com a outra pessoa. Porém, com isso, muitas vezes você se prejudica.

Uma amizade precisa sempre de reconciliação. Distinguimos entre a reconciliação durante ou após um conflito e a reconciliação após uma ferida:

Na reconciliação durante ou depois de um conflito, é preciso ter uma visão mais exata do que se trata o conflito. É um conflito de interesses ou um conflito de percepção? Um conflito de interesses surge quando uma pessoa quer passar junto uma semana de férias no Rio de Janeiro, mas a outra na Bahia. Então, é preciso encontrar uma solução, por exemplo, ir dessa vez para o Rio e no ano seguinte para a Bahia. Ou a solução consiste em que cada um vá sozinho para o destino de férias que deseja. O importante é que o conflito não leve à divisão. Um conflito de percepção surge quando uma amiga tem a sensação de que sua amiga fica falando sempre sobre si mesma, que ela mesma mal consegue ter a palavra. Mas a amiga sequer percebe que só ela fala. Ela acha que a conversa está equilibrada.

Não se trata de acusar a amiga de que ela sempre conversa sozinha, mas sim de abordar seus próprios sentimentos. Só então a amiga pode reconhecer que ela domina a conversa. E assim é possível encontrar uma maneira que seja boa para ambas.

Quando se trata de reconciliação após uma ferida, deve ser feita uma distinção: a outra pessoa me machuca com palavras ofensivas ou eu me sinto machucado porque ele não atende às minhas expectativas? Como já mencionado, a filosofia estoica defende que muitas vezes não é a outra pessoa que nos machuca, mas sim a concepção que temos da outra pessoa, mas à qual ela não corresponde. Quando, por exemplo, a amiga tem a seguinte sensação: "Sempre sou eu que tenho que ligar. A amiga nunca me liga ela mesma", então ela se sente magoada porque a amiga não busca contato por vontade própria. Ela tem a expectativa de que a amiga ligue por vontade própria. Nesse sentido, alguns também reagem tão magoados que decidem romper a amizade. Seria mais útil compartilhar as respectivas ideias e expectativas para que se possa encontrar em conjunto uma maneira de lidar com essas ideias.

Outro tipo de ferida é a aquela feita com palavras. O outro percebe que eu praticamente não estou mais entrando em contato. Então ele me liga e grita comigo que eu sou egoísta, que só me preocupo comigo mesmo, que não me importo nenhum pouco se o outro está bem. Muitas vezes somos surpreendidos por tamanha explosão de raiva. Nós nos sentimos feridos. Ou nos justificamos ou acusamos o outro do quanto é maldoso, do quanto ele me machucou. Mas depois as feridas mútuas só aumentam. Reconciliação significaria olhar para as palavras que machucaram, tentar entender por que a outra pessoa reage daquela maneira. Talvez ela tenha prendido seus sentimentos por muito tempo. Talvez meu comportamento a lembre de pessoas em sua história de vida, do irmão que não se importava com ela, ou de um amigo da época da escola que se comportava da mesma forma. Uma forma de conciliação é esclarecer o que acabou de acontecer.

Outra forma passa pelo perdão. Em toda amizade há também feridas. Perdoar significa que eu deixo a ferida com o outro, que eu me livro dela. Assim eu me liberto do poder nocivo da ferida. E posso recomeçar a viver reconciliado com o outro. O perdão é, sobretudo, minha própria tarefa, mas a reconciliação sempre requer o outro, a disposição do outro para voltar a conviver em amizade novamente.

Perdoar e reconciliar não são a mesma coisa. Isso já é evidente na língua. Perdoar significa: livrar-se, deixar para o outro. A palavra latina *dimittere* coloca isso de forma ainda mais precisa: perdão significa "desfazer-se, enviar a ferida para o outro e deixá-la com ele". Mas perdoar não diz nada sobre a relação com quem me machucou. Reconciliar, por outro lado, significa: "fazer as pazes, mediar, tranquilizar, apaziguar, beijar". Portanto, significa toda uma paleta de tentativas de se aproximar um do outro. A palavra latina *reconciliatio* significa levar de volta à comunidade, criar uma nova convivência. A palavra grega *katallage* significa a restauração de uma coexistência pacífica após um conflito. É frequentemente usada na esfera política. Na esfera pessoal, é usado quando os amigos que brigaram estão novamente dispostos e capazes de viver juntos em paz.

O perdão deve ser feito de tal forma que não nos sobrecarregue, mas que corresponda à nossa alma.

Para mim, o perdão acontece em cinco etapas:

A primeira etapa: permito a dor que, por meio da ferida, ainda está dentro de mim.

A segunda etapa: com raiva, jogo o outro para fora de mim e tomo uma distância saudável do outro. E transformo a raiva na ambição de que vivo para mim mesmo, sem deixar me definir pelo outro.

A terceira etapa: tento entender o que aconteceu. Onde foi que a outra pessoa me passou a sua própria ferida? Ou em ponto sensível ela me atingiu? Ao tentar entender a ferida, posso ficar ao lado dela e comigo mesmo. Então, não me culpo se reagir de modo sensível demais.

A quarta etapa: o perdão. Eu me liberto da energia negativa que ainda está dentro de mim por meio da ferida. O perdão, assim, é um ato terapêutico de autopurificação. E eu me liberto do atrelamento ao outro. Quando eu não perdoo, fico atrelado ao outro. Isso não me faz bem. Perdoar nem sempre significa que eu me jogo nos braços da outra pessoa, que está tudo bem. Às vezes, minha alma ou mesmo meu corpo me dizem que, mesmo depois do perdão, ainda preciso de distância do outro. Mas é decisivo que eu deixe a ferida com a outra pessoa e não a carregue constantemente comigo.

A quinta etapa: a transformação das feridas em pérolas. A ferida também me abriu, me fez brotar. Isso me mantém vivo. E a ferida pode me levar a descobrir minhas próprias habilidades.

Há também amizades em que me sinto tão ferida que me vejo em necessidade que me separar dos supostos amigos. Sobretudo quando sinto que o amigo ou amiga sempre quer ter razão, que não está disposto a me ouvir e me entender. Então é melhor se distanciar dos amigos não só externamente, mas também internamente. No entanto, eu deveria me separar dos amigos de modo reconciliado. Se, por outro lado, ainda sinto ressentimento dentro de mim, então ainda estou vinculado a esses amigos. Também nesse caso, a reconciliação é importante, a reconciliação com a história da minha amizade, que todavia já não vai mais continuar. A reconciliação significa que olho para trás e vejo a amizade com gratidão em assim, posso deixá-la ir com uma sensação de paz interior.

Antes que eu possa deixar o amigo ir em paz, eu primeiro devo fazer o luto por essa amizade ter se desfeito. Primeiro vem a dor, depois a paz. A dor também está frequentemente associada a sentimentos de fracasso e culpa. Eu me acuso: poderia ter cuidado melhor da amizade? Deveria ter sido mais compreensivo com o amigo ou amiga? Fui muito mesquinho? Eu o afastei de mim pelo meu comportamento? Preciso me fazer todas estas perguntas. Mas aí é preciso fazer o luto pela amizade não prosseguir. No luto, paro de ficar remoendo que as coisas poderiam ter acontecido de outro jeito. Agora as coisas são como são. E é preciso aceitar isso, sem que eu veja toda a culpa em mim ou no outro. Não julgo ninguém. Tento entender e me reconciliar com a situação.

As pessoas enlutadas costumam me dizer que, no luto, muitos amigos se afastaram delas porque não queriam ter nada a ver com sua dor. Pessoas que, de repente, ficaram gravemente doentes relatam experiências semelhantes. Em tais situações desgastantes, fica claro quem são os verdadeiros amigos. Aqui se confirma o ditado formulado pelo filósofo romano Cícero: *Amicus certus in re incerta cernitur*. "Um amigo certo e verdadeiro reconhecemos no perigo, em uma ocasião incerta."

Um tema que tem sido recorrentemente abordado em cursos é a destruição de amizades devido às diferentes opiniões sobre a vacinação na crise de covid. Alguns contam que o círculo de amigos se desfez por causa das teorias da conspiração que alguns deles defendem. Eles lamentam, mas até agora todos os esforços para sobrepor as diferenças falharam. Na discussão sobre esse tema, várias experiências foram relatadas. Há a experiência de um círculo de amigos cristãos que decidiram não falar sobre esse assunto, mas sobre o que os une na fé. A fé que os une é mais importante do que aquilo que os divide. Por isso, eles concordaram em não enviar mais uns aos outros mensagens contra vacinas pelo WhatsApp. Uma mulher relatou que não podia falar com a melhor amiga sobre a pandemia. Ela evitava esse tema. Mas tinha a impressão de que o tema omitido estava afetando a amizade entre elas. Algo estava faltando nessa amizade. Normalmente, na amizade pode-se conversar sobre tudo. Se é necessário tem excluir uma área, fica a sensação de que essa amizade é apenas fragmentária.

Na discussão, era recorrente a pergunta sobre como lidar com essa ameaça à amizade. Uma forma seria enfatizar aquilo que conecta. O que nos conectava até agora em nossa amizade? O que vivenciamos juntos? Ou, então, podemos aproveitar juntos uma caminhada pela vivência que tivemos juntos. Quando as famílias de amigos se reúnem, é possível se alegrar vendo as crianças brincarem juntas. As crianças não se importam com teorias da conspiração e com os debates dos pais sobre a vacinação.

Outra maneira seria através de um tipo diferente de conversa. Conversamos com nossos amigos não sobre os argumentos a favor e contra a vacinação. Pois aí tudo seria em torno de quem tem razão. Quando disputamos para ver quem tem razão, só há vencedores e perdedores. Quem consegue trazer mais argumentos vence o outro na discussão. Mas o perdedor não admitirá a derrota, apenas insistirá ainda mais em sua opinião.

Em vez disso, seria mais apropriado falar sobre os medos que cada um associa a esse tópico. Quais são os medos daquele que defende uma teoria da conspiração? Por que ele precisa dessa teoria? O que ela representa? Às vezes, as pessoas se escondem atrás de uma teoria porque, do contrário, não se sentem ouvidas o suficiente. Se elas agora estão abraçando a teoria da conspiração, não se pode ignorá-las. Elas acham que devem ser levadas a sério de uma vez por todas. Mas muitas vezes só conseguem o contrário. Outra razão pode ser que elas não conseguem se reconciliar com a incerteza da vida. As pessoas acham que a pandemia não deveria ter acontecido. Se aconteceu, a culpa tem que ser de alguém. Então é preciso punir os culpados para que a pandemia acabe e não volte.

Mas quem defende as vacinas também tem medos. Ele teme que a pandemia se espalhe cada vez mais e que o afete pessoalmente. Portanto, ele quer se proteger. Quando falo com meus amigos sobre meus medos, então os escuto, faço perguntas sem julgá-los e sem tentar convencê-los daminha opinião. Desse modo, a conversa ganha um sabor diferente. Ainda não é uma garantia de que nos entenderemos novamente como antes. Mas volta a crescer o respeito um pelo outro. E nos escutamos. E então, apesar de nossas opiniões divergentes, podemos ficar tranquilos quanto à nossa amizade e continuar a vivê-la sem excluir completamente o assunto. Em vez de trazer o assunto o tempo todo, nos envolveremos cada vez mais com aquilo que nos conecta. Mas o assunto já não nos divide mais. Então, apesar dele, podemos viver reconciliados uns com os outros.

Reconciliação no ambiente de trabalho

Ao acompanhar executivos em empresas, instituições ou associações, percebo recorrentemente que existem divisões. Por exemplo, na empresa existem diferentes agrupamentos que lutam entre si. Eles têm interesses diferentes da empresa como um todo. E há executivos que se cercam de pessoas que estão do seu lado e que os apoiam. Procuram uma base de poder para poderem fazer valer os seus próprios interesses. Há chefes que dividem a empresa porque estão divididos dentro de si. Eles têm a capacidade de reunir fãs e admiradores a seu redor. Outros, porém, não vão muito com sua cara. Eles então exploram o fascínio de seus admiradores para usá-los indevidamente em benefício de seus próprios objetivos. Muitas vezes as pessoas sequer percebem. O patrão os lisonjeia e os mantém apegados. Mas esses grupos em torno de um chefe dividido também dividem a empresa. Conheço uma grande empresa dirigida por duas irmãs que são inimigas entre si. Cada irmã tenta puxar certas pessoas do seu lado. No fim das contas, porém, a divisão não faz bem para a empresa. Muita energia é desperdiçada na rivalidade e inimizade entre as duas líderes da firma.

Não é fácil dissolver o antagonismo numa empresa ou numa associação e conciliar os grupos hostis entre si. Às vezes, os grupos nem sequer se falam. Só trocam ideias dentro do seu próprio grupo e constroem uma imagem inimiga. Assim, o departamento de produção cria uma imagem inimiga do departamento de distribuição e vice-versa. Muitas vezes não basta falar objetivamente sobre os vários interesses e encontrar um compromisso entre esses interesses. Pois a falta de conciliação geralmente é mais profunda. É natural que haja sempre uma certa tensão entre gestão e vendas, entre produção e distribuição. Por meio da conversa, essa tensão pode ser profícua para ambos os grupos.

Se a falta de conciliação for mais profunda, se feridas pessoais ou intrigas dividiremos agrupamentos, então é necessário um longo processo de reconciliação. Isso muitas vezes requer um instrutor ou mediador externo que possa descobrir nas conversas quais são os reais problemas. Nos empreendimentos familiares, frequentemente são os pais que jogam os filhos uns contra os outros. Isso se manifesta então em uma convivência irreconciliável entre os gerentes, que são escolhidos entre os irmãos. Às vezes, um irmão tem o sentimento de que o outro é displicente e não se engaja. Ele se sente explorado. Mas nas conversas o irmão bloqueia. Fica claro que ele muitas vezes mistura na política da empresa velhos problemas de família. Ele justifica o bloqueio contra o irmão com argumentos objetivos. Na realidade, entretanto, ele não se sente valorizado pelo pai da mesma forma que seu irmão mais velho ou mais novo. Então ele se vinga do irmão, por assim dizer, porque não conseguiu do pai o que queria.

Às vezes, na mediação, a reconciliação acontece rápido demais. Mas se acontecer rápido demais, não será duradoura. As pessoas acham que se entenderiam. Mas, pouco tempo depois, os velhos conflitos reaparecem porque se baseiam em experiências mais profundas de hostilidade entre si. É por isso que o trabalho de memória é necessário. Os irmãos ou irmãs que estão brigados, os gerentes que se desentenderam, devem então se lembrar do que levou à divisão ou hostilidade. Richard von Weizsäcker apelou a este trabalho de memória sobretudo para a reconciliação na sociedade. Ele diz: "Mas aqueles que fecham os olhos para o passado ficam cegos para o presente". E cita a sabedoria judaica: "O desejo de esquecer prolonga o exílio e o segredo da redenção é a lembrança"[12]. É só olhando para o passado dos irmãos ou para o passado da empresa que se pode caminhar para o futuro com uma nova clareza. Se o passado não é descoberto e relembrado, um véu cinza permanece sobre a empresa, por assim dizer. E ninguém sabe realmente do que se trata e por que os vários grupos ou gerentes não se dão bem.

Muitas vezes, a divisão em uma empresa acontece quando ela é assumida por um investidor estrangeiro ou por outra companhia. Desse modo, é possível que sejam demitidos aqueles que até então defenderam a empresa e apoiaram os valores de sua cultura e tenham preferência aqueles que se adaptarem à nova gestão. Perde-se a coesão na empresa. Os funcionários comprometidos se esforçam em vão para preservar a antiga cultura e identidade da empresa. Os novos proprietários querem mudar tudo sem apreciar o que a empresa conquistou até agora. Mudar significa sempre fazer um julgamento de valor do que era até agora. A transformação seria diferente.

---

12. WEIZSÄCKER, R. Der 8. Mai 1945. In: UEDING, G. (org.). *Deutsche Reden von Luther bis zur Gegenwart*. Frankfurt, 1999, p. 274s.

Toda empresa tem que se transformar de tempos em tempos, porque mudam as circunstâncias externas e o ambiente da empresa. Porém a transformação não significa que a empresa deva se tornar completamente diferente, mas sim que ela cresce cada vez mais em sua forma verdadeira, em sua força original. No entanto, não é apenas a mudança que gera medos e resistências, mas também a transformação de uma empresa. Se a nova administração ignorar esses medos e resistências e demitir todos aqueles que se opõem à nova filosofia, então a nova empresa certamente não irá melhorar. A conciliação significaria que os novos donos da empresa ouvissem bem os funcionários, especialmente os funcionários engajados, que levassem seus medos e resistências a sério. É importante que indaguem as razões da resistência. Pois a resistência dos funcionários sempre tem um sentido. Ela pode indicar que os novos gerentes ignoraram alguma coisa ou que não conhecem suficientemente a empresa. Ou pode expressar que se deseja mudar a empresa rápido demais ou que os funcionários não foram apreciados o suficiente. Naturalmente, também há funcionários que resistem apenas porque não estão dispostos a enfrentar a transformação da empresa e porque querem se manter apegados ao antigo. Mas é sempre útil ouvir atentamente a resistência e dialogar com quem está resistindo. Assim é possível encontrar um caminho em comum para o futuro, que possa ser seguido pelo maior número possível de funcionários antigos.

RECONCILIAÇÃO ENTRE IRMÃOS DE FÉ

Ao longo da história, houve muita inconciliabilidade entre as denominações ou confissões cristãs. Demorou muito para que as denominações rivais se aproximassem. Hoje percebemos que há divisões nas Igrejas individuais. Muitas vezes trata-se de disputas dogmáticas, de obstinação. Quem é que representa a verdadeira fé? O que é que falsifica a fé? Onde é que os grupos individuais se adaptam demasiadamente ao *Zeitgeist*, ao espírito da época? As divisões originadas entre diferentes correntes teológicas ou espirituais muitas vezes surgem do medo. Esses cristãos esqueceram as palavras de Jesus em resposta aos discípulos que se irritaram com o estranho milagreiro: "Não o proibais, pois quem não está contra vós está a vosso favor" (Lc 9,50). Eles têm medo de que alguém que interpreta o evangelho de forma um pouco diferente do que estão acostumados tenha se afastado da fé correta. Portanto, é a estreiteza espiritual que leva a tais divisões.

É espantoso que seja justamente a fé que que venha conduzindo a uma guerra de trincheiras tão amarga. Alguns cristãos se apegam à letra em vez de confiar no Espírito de Jesus. Muitas vezes, são questões menores que então retornam ao centro das atenções. Quando dei uma palestra para teólogos metodistas, eles me disseram que a Igreja Metodista também corre o risco de se dividir, especificamente sobre sua posição a respeito da homossexualidade. As pessoas podem, com certeza, ter opiniões divergentes. Mas quando essa questão leva à divisão, percebe-se o quanto se afastaram do Espírito de Jesus.

A tendência da irritação e da divisão a respeito de questões marginais, por exemplo, na questão da comunhão na boca ou da comunhão na mão, na questão da comunhão com membros de outras denominações, ou na questão de qual cânone o padre pode rezar na missa. A inconciliabilidade não é só entre os conservadores, mas também entre os progressistas. Estes querem determinam o que o padre pode ou não dizer na missa. Cada palavra é posta à prova. Todo radicalismo divide. O radicalismo sempre tem a ver com a falta de enraizamento na fé. Como não se tem raízes, não tem boas *radices*, é preciso se tornar radical.

Membros atuantes da Igreja, como párocos e agentes de pastoral, relatam como é difícil muitas vezes nas paróquias trazer pessoas de diferentes correntes espirituais e teológicas para conversar umas com as outras. As posições contrárias são muito fortes. A pessoa persistem na sua opinião, pensando que, ao fazê-lo, está sendo obediente a Deus. O perigo na Igreja é que a insistência na retidão dogmática leva à guerra de trincheiras dogmática. Os dogmas têm a função de manter o mistério aberto. Mas o mistério é sempre maior do que qualquer afirmação que possamos fazer sobre Deus. Psicólogos da religião constataram que grupos com um forte caráter ascético são particularmente intolerantes com outras pessoas. Evidentemente, a repressão das próprias pulsões muitas vezes leva à repressão de pessoas que pensam diferente e vivem de forma diferente.

Os primeiros monges já reconheciam no século IV: "Todo excesso é dos demônios". Depende de qual é o meio termo. Encontrar o meio termo não significa viver na mediocridade, mas sim na sabedoria e na gentileza, na amplitude e na liberdade. Quem está no meio pode se dirigir a qualquer pessoa, mesmo aquelas que estão na extrema direita ou na extrema esquerda. O meio liga os dois polos. Se você não tem um meio, você cai em uma dessas direções e tem que lutar contra a outra.

Nesse sentido, a reconciliação só se torna possível quando se passa do nível puramente racional do dogmatismo para o nível da experiência. Qual é a experiência por trás do apego a formas conservadoras? Por que essa pessoa precisa dessa forma conservadora tão estreita? É um suporte necessário para que ela não se afunde, para que não perca a orientação na desorientação do nosso tempo? Ou é o medo de não agir certo de acordo com Deus? A experiência por trás da opinião rígida deve ser respeitada.

Muitas vezes, cristãos mais conservadores tiveram boas experiências com as velhas formas de liturgia, com devoções e procissões. Eles têm medo de que os cristãos progressistas ridicularizem aquilo que experimentavam como fortalecimento de sua fé. Portanto, os cristãos mais progressistas não devem desvalorizar e muito menos ridicularizar essas experiências, mas sim devem apreciá-las. A tarefa seria mostrar aos cristãos mais conservadores que formas ainda mais modernas de espiritualidade e liturgia podem levar a uma profunda experiência de Deus. Se respeitarmos os cristãos que vivem outras formas de espiritualidade, nasce uma convivência reconciliada. Na discussão ecumênica, falamos de diversidade reconciliada. Isto se aplica não só à reconciliação entre as denominações, mas também à reconciliação dentro das igrejas e das congregações.

A divisão na Igreja não vem apenas dos vários agrupamentos dentro da Igreja, mas muitas vezes também do alto, do bispo. Se o bispo pensa que só ele representa a teologia correta, uma teologia que a Igreja não deve mudar, então surge uma divisão do alto. Os padres e voluntários que se comprometeram com uma comunidade paroquial vibrante estão sendo freados em seus esforços para fazer mudanças e transformações. Quando um bispo proíbe as liturgias da palavra em sua diocese, ele debilita as congregações que gostariam de se reunir para a oração comum e para liturgias da palavra reformuladas criativamente mesmo quando nenhum sacerdote puder celebrar a Eucaristia. A decepção causada pela falta de compreensão do bispo sobre o compromisso com a Igreja muitas vezes leva à retirada de voluntários. Em vez de se esconder por trás de posições dogmaticamente fundadas, seria bom ouvir os fiéis comprometidos com a Igreja em sua base. Mas quem pensa que é o único a ter razão em sua teologia não acha necessário ouvir às pessoas que estão na base. E assim contribui para a divisão na Igreja. Sua preocupação é manter a antiga igreja e, assim, preservar a unidade. Mas tem exatamente o efeito contrário: divide porque não ouve quem pensa diferente. A reconciliação só pode ser alcançada através de uma escuta do outro, preconceitos, e de um diálogo honesto com o outro, no qual lutamos juntos por um bom futuro para a Igreja.

Reconciliação entre gerações

Na comunidade monástica, temos a experiência de que uma boa mistura de velhos e jovens mantém a comunidade unida. Quando os jovens confrades estão sozinhos entre si, há uma ligeira rivalidade. Quando os velhos confrades se guardam para si, muitas vezes falta vida. Mas tanto na comunidade monástica como na sociedade e nas empresas, muitas vezes temos a experiência de que as gerações se condenam, se rejeitam ou mesmo lutam entre si. Essa luta da geração jovem contra a geração dos velhos ficou mais evidente na época do movimento de 1968. Os jovens que protestavam tinham a impressão de que os velhos haviam reprimido o passado nacional-socialista e se concentravam apenas no milagre econômico. Ao fazer isso, defendiam costumes ultrapassados. O mote dos estudantes que protestavam era: "Sob as batinas o mofo de mil anos". Por isso, rebelavam-se contra a velha geração. A tensão entre as gerações ressurge repetidamente na história, às vezes em maior ou menor grau. Há uma tensão saudável que mantém a sociedade viva e a impede de se enrijecer. No entanto, também há tensões que dividem a sociedade.

O conflito entre gerações está muitas vezes enraizado no medo. A geração mais velha tem medo de perder o controle, de ter que abrir mão de seu poder, e medo de novas formas que os deixem inseguros. A geração mais jovem tem medo de que sua opinião não conte, de que não possa enfrentar o sistema, de que a vida ao seu redor fique estagnada.

Outra razão para o conflito entre gerações é a diversidade das culturas de vida. Os velhos não entendem o modo de vida dos jovens e vice-versa. Esse conflito muitas vezes leva à rejeição mútua e à desvalorização da outra geração. Formam-se preconceitos de que os jovens são apenas egoístas e só se preocupam com suas próprias necessidades, ou que os velhos só se apegam ao velho porque querem cimentar seu poder. Nas empresas, muitas vezes vejo que os funcionários por volta dos 50 anos muito comprometidos com o trabalho ficam decepcionados com os jovens colegas que estão mais preocupados em ter tempo suficiente para a família ou para interesses pessoais. Os jovens colaboradores acusam os mais velhos pelo fato de que toda a sua vida gira em torno do trabalho e que isso precisa ser superado. Também nesse aspecto é importante ouvir atentamente uns aos outros e procurar caminhos que sejam viáveis para os funcionários mais jovens e para os mais velhos.

Para que a reconciliação entre as gerações aconteça, é necessário estar aberto a ouvir as vozes dos mais velhos e dos mais jovens, sem julgá-los de imediato. A reconciliação só pode acontecer se cada geração enfrentar seus próprios medos. Quando se enfrenta o medo, torna-se capaz de olhar para o conflito sem ter que ficar constantemente se justificando e lutando contra o outro. É preciso disposição para questionar a própria visão e ouvir atentamente o que move a outra geração.

Vemos com frequência que os avós tratam bem os seus netos. Os netos amam os seus avós. Isso também se aplica ao conflito geracional na sociedade, na igreja e nas empresas. As pessoas mais velhas muitas vezes se dão bem com os jovens, com os netos. A maioria dos conflitos ocorre entre as gerações imediatamente contíguas, não apenas entre pais e filhos na família, mas também entre pais e filhos ou filhas na empresa ou mães e filhas na igreja. Ambas as gerações têm interesses diferentes. E a rebelião que ocorre dentro da família se desloca então para a sociedade.

A reconciliação entre as gerações só pode ocorrer se os idosos e os jovens não se julgarem, mas ouvirem abertamente o que a outra geração tem a dizer, como compreendem as suas vidas e quais são os seus anseios. A reconciliação requer honestidade, olhando para os próprios medos e necessidades, que estão por trás da própria opinião e visão de mundo. Somente quando idosos e jovens enfrentarem seus medos e anseios é que poderão falar abertamente uns com os outros. No processo, jovens e idosos perceberão que os preconceitos contra as pessoas da outra geração geralmente se estabelecem de modo inconsciente. É necessário deixar de lado esses preconceitos. Muitos professores universitários viveram a época do movimento de 1968 como um tempo de tirania, porque os jovens protestantes simplesmente cortavam sua palavra. Por outro lado, também pode levar a uma tirania dos mais velhos, como estamos vendo no Irã, por exemplo. Os estudantes protestaram, mas não conseguiram enfrentar o poder dos antigos líderes espirituais, que se agarraram às suas velhas ideias e as defenderam com violência. Vivemos algo semelhante em muitas ditaduras, na Rússia, na Turquia e em países árabes. Se a sociedade não ouvir os jovens, ela ficará dividida e a divisão debilita a sociedade e leva muitas vezes ao desastre econômico.

O sociólogo Steffen Mau acredita que o conflito geracional, como alguns meios de comunicação o retratam, não existe hoje, em absoluto. Na mídia tem se espalhando o seguinte quadro: os jovens progressistas querem mudar a sociedade, os velhos conservadores querem impedir a mudança. Steffen Mau pesquisou a respeito e chegou a uma conclusão menos nítida. Ele cita como exemplo o tema do "gênero": "Pode ser que, dentro das redações, os que têm menos de 30 anos prefiram usar uma linguagem sensível à questão de gênero e os com mais de 40 anos tendam a não a utilizar. Mas isso não é visto na população como um todo, a linguagem sensível ao gênero é rejeitada pela maioria em todas as faixas etárias em um nível semelhante. No entanto, o conflito geracional é considerado real porque existe em meios relacionados ao texto, como o jornalismo, e assim é divulgado ao público"[13]. É natural que sempre haja tensões entre as gerações. Isso também mantém a sociedade viva e dinâmica. Mas os conflitos não devem ser considerados tão absolutos como são retratados em alguns meios de comunicação. Por isso, a disposição para a conciliação entre os conflitos certamente está presente nos dias de hoje. Minha pretensão – como homem velho – é usar este livro para fortalecer a reconciliação entre as gerações em vez de questioná-la.

---

13. AGARWALA/SCHOLZ. *Die Spaltung ist ein Angstszenario*, ZEIT, 22/09/2022, p. 29.

A RECONCILIAÇÃO NA SOCIEDADE

EMPATIA EM VEZ DE JULGAMENTO

Muitos jornalistas falam hoje de uma sociedade dividida. As manchetes alertam que as lacunas entre as diversas correntes da sociedade estão cada vez mais profundas. Diz-se que as lacunas entre a cidade e o campo, entre os velhos e os jovens, entre o Oriente e o Ocidente, entre o Sul e o Norte, entre homens e mulheres, entre ricos e pobres estão cada vez mais profundos. Existem lacunas entre os antivacinas e os defensores de vacinas; entre aqueles que querem dar aos refugiados um novo lar e aqueles que temem uma alienação e, por isso, rejeitam os refugiados; as lacunas entre os que defendem que as mães devem ficar mais tempo em casa com seus filhos e os que querem que as mães voltem ao trabalho normal o mais rápido possível após o parto. Quando se acredita na mídia, os que tem opiniões contrárias são tão inconciliáveis entre si que fica praticamente impossível uma conversa razoável e objetiva.

A pesquisa empírica de sociólogos e outros estudiosos mostra um quadro mais esperançoso da sociedade. Isso vale, por exemplo, para a divisão entre o Oriente e o Ocidente. Mau acredita que "o forte foco da mídia nos grupos de protesto na Saxônia sugere uma desavença maior do que se verifica realmente"[14]. Há divisões e conflitos, mas, ao mesmo tempo, há esperança de que as diferenças e os conflitos diminuam. É por isso que precisamos retratar pessoas no Oriente e no Ocidente que pensam

---
14. Ibid.

de forma semelhante. E é preciso disposição para entender as pessoas que pensam diferente. Mau observa que as pessoas no leste alemão consideram insultuoso quando "a identidade da Alemanha Oriental é irrelevante para os alemães ocidentais". Trata-se de ter empatia com a mentalidade de outros grupos sociais em vez de julgá-los. E trata-se de respeito a todos os agrupamentos dentro da sociedade. Quando um grupo sente que não está sendo ouvido, acaba-se facilmente na divisão.

O MEDO DE OUTRAS OPINIÕES

Psicólogos dizem que as pessoas têm que aprender a lidar com a ambiguidade, a diversidade de opiniões. Muitas pessoas querem respostas rápidas e inequívocas. Mas a vida se dá sempre na ambiguidade, na multiplicidade de sentidos e na incerteza, nas contradições. Não existe preto no branco, certo e errado. Há muitos tons no meio.

Esse medo da ambiguidade leva algumas pessoas a se convencerem facilmente de que seria melhor não deixar de modo algum que pessoas com opiniões supostamente diferentes opinassem. Não ouvem as palavras, mas classificam a pessoa imediatamente em um grupo, se possível em um grupo que rejeitam completamente. Determinadas opiniões nem sequer são ouvidas, porque as pessoas são imediatamente colocadas no lado esquerdo ou no direito. Então essa pessoa não tem mais a chance de expressar sua opinião de forma razoável. Desde o início, ela é rotulada como "eternamente antiquada", "encrenqueira", "conservadora convicta" ou mesmo como uma "louca progressista" e "sonhadora irrealista". Isso leva à divisão. Uma sociedade saudável pode conviver com opiniões diferentes.

Um homem que está envolvido em uma associação cultural germano-russa me disse que hoje, quando se esforça pela reconciliação, é imediatamente tachado de colaboracionista. A amizade com o povo russo é imediatamente retratada como algo ruim, sem que diferenciemos entre a política do governo russo e o povo russo em si. Uma professora de biologia foi desconvidada da Universidade Humboldt porque queria falar sobre pesquisa biológica, que na biologia é baseada em apenas dois sexos. Têm-se medo de outra opinião e não se quer ouvi-la. É por isso que os sociólogos falam que hoje precisamos urgentemente de uma tolerância para a ambiguidade ou também de tolerância para a incerteza ou para a imprecisão. A tolerância consiste em perceber as contradições e diferenças culturais sem reagir agressivamente a elas. Sem essa tolerância à ambiguidade, emerge o pensamento em preto e branco, surge uma luta entre diferentes opiniões e culturas de vida. As pessoas não suportam a tensão e a incerteza, mas defendem com violência a própria opinião, muitas vezes parcial.

Quando perguntamos sobre as razões pelas quais as pessoas têm medo da ambiguidade, medo das diferenças de opiniões, muitas vezes descobrimos por trás disso uma falta de autoestima. Têm-se medo de enfrentar uma opinião diferente, porque assim se pode perder o chão sob os pés, o mundo pode desmoronar. E como se tem pouca confiança em seu próprio senso de verdade e realidade, tem que se esconder atrás de uma opinião pré-formada. Ou se pode lutar contra a opinião que o traz medo, para que não se tenha que enfrentar esse medo.

Outra razão pela qual existem frentes tão endurecidas é a falta de memória do passado. Richard von Weizsäcker pensa que não podemos superar o passado. Não podemos desfazê-lo. Mas, ao mesmo tempo, está convencido: "Mas quem fecha os olhos para o passado fica cego para o presente. Quem não quer se lembrar da desumanidade estará novamente suscetível a ao risco de contaminação"[15].

Estamos testemunhando hoje algo semelhante ao que estava acontecendo no início da era Hitler. Afirmam-se coisas que não podem ser comprovadas. Pessoas espalham a falsa notícia de que uma igreja está sendo convertida em uma mesquita e que pais muçulmanos determinaram a proibição da carne de porco nas cantinas escolares. Essas afirmações são então divulgadas nas redes sociais. As pessoas se sentem vítimas de potências estrangeiras. Por isso, combatem todos aqueles que pensam de forma mais aberta e liberal ou que têm suas raízes em outra cultura. Essas são tendências semelhantes àquelas que observamos na década de 1930. Weizsäcker diz: "Os jovens não são responsáveis pelo que aconteceu naquele momento. Mas eles são responsáveis pelo que acontecerá na história a partir disso"[16]. O medo do estrangeiro leva à demonização do

---

15. WEIZSÄCKER, Der 8. Mai 1945, p. 274.
16. Ibid.

estrangeiro. Mas isso leva à divisão. A oportunidade seria reconhecer nos estrangeiros o estrangeiro em si mesmo e reconciliar-se com o estranho e o desconhecido em si mesmo. Assim eu também posso lidar de modo mais conciliador com as pessoas de outras culturas que chegam até nós.

"O aumento da conciliação ou da divisão em uma sociedade depende não apenas dos vários partidos e agrupamentos sociais, mas também de cada indivíduo. Não estamos impotentes à mercê das tendências divisivas da sociedade.

Diálogos criam comunidades

Todos podem dar sua contribuição para a reconciliação, especialmente através da sua linguagem. A língua nos trai, nos diz a Bíblia. Nossa linguagem é divisiva ou conciliadora, condenadora ou compreensiva. Pode conectar pessoas umas às outras, mas também pode dividi-las. Uma linguagem julgadora divide. Por isso, é importante que, ao falarmos, prestemos atenção à forma como falamos sobre outras pessoas e para outras pessoas.

Hoje se fala muito. Mas a língua sabe que, quando só se fala, há um falatório. Um diálogo só surge quando falamos. Falar vem de "rebentar" e significa sempre um discurso pessoal, um falar que vem do coração. Um diálogo sempre cria comunidade, conecta as pessoas umas com as outras. O falatório, por outro lado, geralmente divide.

Quando atores, atletas ou outras celebridades comentam publicamente sobre temas polêmicos, via de regra tornam-se alvos de críticas na internet por isso. Suas opiniões são atacadas com palavras agressivas e muitas vezes brutais. Os furiosos comentaristas geralmente não estão dispostos a ouvir o que realmente pensam ou o que vale a pena lembrar sobre suas opiniões. Em vez disso, são inundados com comentários ofensivos e, às vezes, até mesmo ódio.

A Bíblia nos mostra como a língua pode dividir e reconciliar. Na história da Torre de Babel, é dito que Deus confundiu as línguas das pessoas para que elas não pudessem mais se comunicar (Gn 11,1-9). Como resultado, eles não foram mais capazes de realizar seu projeto conjunto de construir uma torre alta. "Por isso a cidade foi chamada Babel (confusão), porque foi lá que o Senhor confundiu a língua de todo o mundo, e de lá dispersou os homens por toda a terra" (Gn 11,9). Às vezes temos o sentimento de que estamos vivendo um tempo confuso hoje. Pois conversamos um com o outro e não entendemos mais a linguagem um do outro. Se não pudermos mais nos falar, a sociedade não conseguirá conviver bem. Assim, há discórdia e inimizade. Os primeiros capítulos de Gênesis nos mostram isso com muita clareza. Mas Deus deu origem a um modelo contrário: no dia de Pentecostes enviou o Espírito Santo, que desceu sobre os discípulos em línguas de fogo. Línguas de fogo, que é uma imagem para uma linguagem que aquece, em que uma faísca salta. E de repente os discípulos foram capazes de falar de uma maneira que todos entenderam. As pessoas ficaram maravilhadas e se perguntaram: "Estes que estão falando não são todos galileus? Como, então, todos nós os ouvimos falar, cada um em nossa própria língua materna?" (At 2,7s.).

Hoje precisaríamos novamente dessa língua. É verdade que grande parte das pessoas no mundo hoje pode se comunicar com o inglês. Mas, dentro de uma sociedade, muitas vezes falamos uma língua que não conecta, que os outros não entendem. Há diferentes grupos que têm, por assim dizer, uma linguagem interna que não é mais compreendida fora de seu grupo. E falamos uma língua que condena constantemente e, desse modo, divide as pessoas.

É nossa responsabilidade prestar atenção à nossa língua. Os Padres da Igreja dizem: "Com a língua construímos uma casa". Devemos usar a nossa linguagem para construir uma casa em que todas as pessoas se sintam em casa, em que se sintam compreendidas, e não uma casa em que as pessoas se sintam desconfortáveis e, por isso, se retirem para as suas próprias quatro paredes e deixem de se importar com os outros.

Reconciliação entre povos

Durante séculos houve inimizade entre a França e a Alemanha. Essa inimizade foi exacerbada pela Guerra Franco-Prussiana de 1870/1871 e, depois, pelas duas guerras mundiais. Após a Segunda Guerra Mundial, porém, os dois chefes de Estado, Charles de Gaulle e Konrad Adenauer, conseguiram iniciar um processo de reconciliação entre os povos, que, desde então, levou a muitas amizades. Programas de intercâmbio de estudantes e parcerias entre cidades francesas e alemãs promoveram a reconciliação e criaram uma paz duradoura entre a Alemanha e a França.

As relações com os países aos quais a Alemanha havia feito grandes injustiças durante o regime nazista também foram progressivamente melhoradas após a Segunda Guerra Mundial: Polônia, República Tcheca e Hungria. No final do século 20, as relações entre alemães e russos também se tornaram amigáveis como resultado do intercâmbio econômico e cultural. Infelizmente, a boa relação entre muitos alemães e russos foi agora colocada em xeque ou, pelo menos, dificultada pela guerra na Ucrânia. Após a queda da Cortina de Ferro, esperava-se que a reconciliação entre o Oriente e o Ocidente se tornasse cada vez mais forte. Essa expectativa, desde o início da guerra na Ucrânia, retrocedeu para um futuro distante. Também não se cumpriu a expectativa de uma "mudança pelo comércio" na relação com a China. Certamente, nesse meio tempo, cresceram muitas relações humanas. Mas os governos da Rússia e da China estão sabotando essas boas relações, adotando políticas cada vez mais ditatoriais.

Em todas as tentativas políticas de criar reconciliação entre os povos, reconhecemos em cada povo que velhos ressentimentos ressurgem de repente. A amizade entre Alemanha e Israel é repetidamente sabotada por declarações antissemitas na Alemanha. Na França, os preconceitos contra os alemães são recorrentes e, na Alemanha, também o são velhas opiniões sobre os franceses. Quando minha irmã, há cerca de 30 anos, estava fazendo um curso de idioma na Itália, um inglês, junto com uma mulher alemã, se recusaram a fazer esse curso. Só a intervenção explícita da instrutora do curso de italiano possibilitou o a convivência, mesmo que o inglês continuasse a evitar qualquer contato com minha irmã. Quando eu estava dando palestras na Holanda, o anfitrião holandês me levou no meu carro para o local da próxima da palestra. Um carro nos ultrapassou várias vezes e depois freou na nossa frente. Isso aconteceu algumas vezes. O meu anfitrião holandês pediu desculpa e disse que, infelizmente, havia jovens holandeses que tinham de agir desta forma contra os alemães.

O processo de reconciliação evidentemente leva muito tempo. E uma reconciliação apenas aparente não basta. A tendência a se reprimir o passado é grande. Ela leva sempre ao surgimento de velhos preconceitos e ressentimentos sob a superfície da reconciliação aparente. A história muitas vezes ficou profundamente marcada no coração das pessoas sem que elas se ficassem conscientes disso. Se olharmos para a Polônia ou para a Ucrânia, ambos os povos viveram uma história muito conturbado. Diversas vezes, vivenciaram a dominação estrangeira e buscaram com muito esforço sua própria identidade. Por isso, o medo da ameaça aparece repetidamente em ambos os países. Os húngaros sofreram durante muito tempo com as guerras turcas. Quando agora muitos refugiados de países muçulmanos estão de repente a entrar no país, então os velhos receios da ameaça e da opressão por parte dos turcos voltam à tona. Se olharmos e julgarmos os húngaros sem a sua história, estaremos lhes fazendo uma injustiça. É importante entender os povos com sua história e a partir de sua história.

Um missionário que trabalhou na China por muito tempo me contou que para os chineses o passado está sempre presente. Eles não podem esquecer. A dolorosa experiência da Guerra dos Boxers (1899-1901), quando as oito potências ocidentais, incluindo o Império Alemão, derrotaram as tropas imperiais chinesas e as tropas dos Boxers, ainda estão presentes na mentalidade chinesa. Não podemos entender os chineses sem a sua história. Não é apenas tarefa dos chineses reconciliarem-se com a sua história. É também tarefa das potências ocidentais superar a história com a China. A superação pode ser realizada por meio de pesquisas detalhadas sobre o passado, mas também por meio de rituais de reconciliação entre os povos, para que as feridas do passado deixem de determinar os pensamentos e ações de hoje. O aperto de mão entre De Gaulle e Adenauer ou o ajoelhar-se de Willy Brandt ao soldado caído em Varsóvia foram rituais que deixaram uma marca mais profundado que apenas seus discursos.

Na África, em Ruanda, em 1994, extremistas hutus conclamaram o extermínio da minoria tutsi. Começou um massacre brutal. Em 100 dias, membros da maioria hutu assassinaram 75% dos tutsis, resultando em um assassinato estimado em cerca de 1 milhão de pessoas. O Ocidente ficou de braços cruzados. Desde então, as Igrejas cristãs, em particular, têm tentado contribuir para a reconciliação entre as várias tribos. Eles oferecem cursos para tutsis e hutus, nos quais compartilham suas experiências uns com os outros e, em seguida, praticam rituais de reconciliação em um pequeno círculo. Muito trabalho de reconciliação já foi feito. Contudo, as experiências dolorosas permanecem na memória do povo de Ruanda. Levará muito tempo para se superar o passado de tal forma que ele não determine mais a vida neste país hoje, mas que novas formas de convivência se tornem possíveis. Não temos nenhuma garantia de que, em algum momento, os atos de violência reprimidos não aflorem do inconsciente e levem a novos excessos.

Especialmente nas minhas visitas como palestrante à Polônia e à República Tcheca, à Eslovênia e à Croácia, pude perceber diversas vezes que a reconciliação é possível. Para mim, como monge alemão, foi bom ver que os ouvintes de lá não tinham preconceitos contra os alemães, pelo contrário, até gostavam de me ouvir. Para mim, no entanto, era importante não aparecer como um sabe-tudo, mas anunciar humildemente a mensagem cristã e honrar as pessoas que viveram a sua fé nestes países sob o regime comunista. Ouvir uns aos outros e falar uns com os outros nos conecta e constrói pontes sobre todas as antigas lacunas criadas pelas últimas guerras mundiais.

Certa vez, quando eu estava dando uma palestra em uma igreja em Cracóvia, uma velha senhora veio até mim após a palestra acompanhada de uma jovem estudante. A estudante me disse em alemão: "Esta senhora gostaria de te abraçar". Ao nos abraçarmos, senti que aquela mulher havia sofrido muitos infortúnios nas mãos dos alemães. Mas, ao mesmo tempo, senti com gratidão que a reconciliação é possível. Esse abraço me tocou profundamente.

Enquanto isso, há muitos intercâmbios entre os povos. Isso torna ainda mais importante para nós, alemães, lembrando as injustiças cometidas por nossos antecessores, que tratemos as pessoas desses países com humildade. Assim, a antiga injustiça pode ser cada vez mais transformada por meio de novos encontros honestos e cordiais.

Nos treinamentos de lideranças, vem-me recorrentemente à consciência que as empresas, em particular, têm um papel importante a desempenhar na reconciliação dos povos na nossa era de globalização. Afinal, pessoas de diferentes nacionalidades e culturas trabalham em grandes empresas. Se a empresa consegue criar um clima de confiança em que os funcionários de todas as culturas se sintam aceitos e trabalhem bem juntos, ela dá uma contribuição importante para a reconciliação. Quanto melhor pessoas de diferentes culturas se conhecem, mais preconceitos uns contra os outros são desconstruídos. Mas também é importante que seja levada em conta a diversidade de comportamentos e de visões de mundo, que todas as pessoas com suas características culturais se sintam respeitadas. Apesar de todas as diferenças, trata-se de trabalhar e conviver bem uns com os outros. Muitas empresas percebem que isso não é acontece sem dificuldades ou conflitos. E, no entanto, vale a pena trabalhar sempre pela conciliação de diferentes pessoas e culturas. Assim, não haverá apenas uma conciliação manifestada exteriormente, a conciliação se tornará cada vez mais profunda, expulsando das mentes os velhos preconceitos e pensamentos hostis.

Uma vez que a nossa sociedade é multicultural, é também uma tarefa importante conciliar pessoas de culturas diferentes. Não são apenas os políticos que têm de trabalhar para essa conciliação, mas todos aqueles que têm responsabilidade na sociedade e, no final das contas, todos os cidadãos. Pois se trata de haver compreensão e respeito mútuo no dia a dia. Cada um pode contribuir para esta reconciliação entre os povos, sendo gentis e justos para com as pessoas de outras culturas e falando uma linguagem conciliadora em vez de dividir a sociedade com as suas palavras.

Reconciliação com a natureza

As mudanças climáticas nos mostram, com toda a sua dureza, a necessidade de uma reconciliação entre o homem e a natureza. O capitalismo explorou a natureza nos últimos séculos sem pudores. E os regimes comunistas também não tratavam bem a natureza. A natureza era meramente uma fonte de matérias-primas que dela eram extraídas. Em última instância, a economia viu a natureza como um inimigo a ser vencido. Mas agora percebemos que essa é uma abordagem errada. Se olharmos para a natureza como inimiga, ela contra-ataca. Ela não se deixa ser impiedosamente explorada. Rebela-se contra isso enviando-nos ondas de calor e secas, inundações e tornados.

No período desde a industrialização, os cristãos muitas vezes interpretaram as palavras do primeiro relato da criação em termos de dominação: "Sede fecundos e multiplicai-vos, enchei a terra e submetei-a! Dominai sobre os peixes do mar, as aves do céu e tudo que vive e se move sobre a terra" (Gn 1,28). Eles negligenciaram a missão de Deus aos seres humanos no segundo relato da criação, que diz: "O Senhor Deus tomou o ser humano e o colocou no jardim do Éden, para que o cultivasse e o guardasse" (Gn 2,15). Mas ambos os versículos são parte um do outro e se interpretam mutuamente. O primeiro versículo não deve ser entendido como um chamado à exploração desenfreada. Pelo contrário, o homem deve moldar a terra. É continuar, por assim dizer, a obra da criação de Deus. E é sua tarefa valorizar e cuidar da terra, ou seja, tratar dela com atenção e cuidado.

Nossa tarefa é nos reconciliarmos com a natureza. As espiritualidades celta e indiana nos servem de modelo dessa profunda conexão entre espiritualidade e natureza. A espiritualidade celta enfatiza que devemos perceber a palavra eterna de Deus em cada planta, em cada animal e em cada ser humano. E ela entende Jesus Cristo não tanto como aquele que nos redime de nossos pecados, mas como aquele que Deus enviou para aperfeiçoar o mundo. A tradição católica não negou essas formas de espiritualidade que são próximas da natureza, mas as incorporou à espiritualidade cristã e deu-lhes um novo significado.

A íntima conexão entre humanos e natureza, entre humanos e animais, vem muito bem expressa no livro de Jonas. Deus repreende Jonas pois ele estava indignado por um arbusto de mamona ter sido atacado por um verme e, portanto, não lhe oferecer mais proteção contra o sol: "Tu tens pena da mamoneira, que não te custou trabalho e que não fizeste crescer, que em uma noite brotou e em uma noite pereceu. 11E eu não deveria ter pena de Nínive, a grande cidade, onde há mais de cento e vinte mil pessoas que não distinguem entre direita e esquerda, assim como muitos animais?" (Jn 4,10s.). Então, Deus sente pena das pessoas que perderam o caminho, mas também do gado que sofre junto com o povo.

A ideia de que a natureza sofre juntamente com o homem também está expressa na conhecida passagem da Epístola aos Romanos: "[As criaturas serão] também elas libertadas do cativeiro da corrupção para participarem da liberdade gloriosa dos filhos de Deus. Pois sabemos que toda a criação até agora geme e sente dores de parto" (Rm 8,21s.). As criaturas sofrem com o pecado dos seres humanos, da má conduta que se expressa justamente na exploração da criação. A conversão de pessoas que se haviam se tornado escravas da sua própria ganância por dinheiro tem um efeito positivo também sobre a criação. Pois ela se fica livre para si mesma, para seu próprio esplendor, para sua verdadeira forma.

A reconciliação com a natureza demanda, antes de tudo, que nós, humanos, nos entendamos como parte da natureza, que sintamos que somos feitos da mesma poeira estelar que todo o cosmos. Lucas expressou isso em seu famoso sermão de Areópago, quando escreveu: "De *um só* (latim: *ex henos*) fez nascer todo o gênero humano" (At 17,26). Essa passagem é muitas vezes traduzida como Deus tendo criado toda a raça humana a partir de um único ser humano. Mas Lucas não está interessado no monogenismo, não se trata de enfatizar que todos os humanos descendem de Adão. Pelo contrário, aqui ele faz referência à filosofia grega, que fala da unidade de todas as coisas. Desde Heráclito e Parmênides, há uma filosofia do *to hen*, do *um só*. Além dos muitos, deve haver também o um que está por trás de tudo. Lucas, portanto, quer dizer: somos parentes íntimos da natureza, da terra, das plantas e dos animais.

Trata-se da nossa terrosidade, nossa conexão elementar com a terra, a qual devemos aceitar. Benedito assim chama a humildade: *humilitas*. A palavra latina *humilitas* vem de *humus*, terra. Humildade significa a coragem de descer até nossa própria terrosidade, de ficar com os dois pés sobre a terra em vez de se elevar acima dela com nosso intelecto. É preciso aceitar humildemente que somos parte da terra, que a reconciliação com nós mesmos é sempre, ao mesmo tempo, a reconciliação com a natureza, a reconciliação com as plantas e os animais e com a natureza inanimada. Aqui podemos aprender muito com a espiritualidade indígena. Por exemplo, um texto espiritual de uma tribo indígena diz: "A terra vive e é igual à nossa mãe. Pois se a terra não existisse, não haveria seres humanos. Os humanos são seus filhos e da mesma forma os animais. Ela cuida de todos eles e lhes fornece comida. As pedras são seus ossos e a água seu leite... Os animais são iguais aos humanos; são do mesmo sangue; são parentes"[17].

Hoje percebemos que os apelos morais para cuidar bem a natureza não são suficientemente eficazes. É necessário, por isso, uma base espiritual de reconciliação com a natureza. Os monges antigos falavam do misticismo da natureza. Devemos conhecer os vestígios de Deus na natureza. Os padres gregos enfatizavam sobretudo a beleza de Deus, que se reflete na beleza da natureza. A palavra

---

17. KREPPOLD, G. *Die Indianer und das weiße Christentum*. Augsburg, 1996, p. 41.

alemã *"schön"* [belo] vem de *"schauen"* [olhar] e *"schonen"* [preservar]. Ao olharmos para a beleza da natureza e nela reconhecermos Deus como a beleza primordial, lidamos com a criação de modo a preservá-la.

Por meio da nossa racionalidade, nos afastamos da natureza . A razão quer dominar e controlar tudo. Precisamos ter acesso ao sentimento com o qual nos sentimos um só com tudo o que existe. E precisamos de humildade para tratar a natureza de modo atento e gentil.

A reconciliação com a natureza é o requisito para que nós e as gerações futuras possamos viver bem e felizes nesta terra.

Reconciliação com Deus

Uma condição para nos reconciliarmos com outras pessoas é a reconciliação com Deus. Isso pode soar estranho para alguns. O que o relacionamento com Deus tem a ver com o relacionamento com as pessoas? Até que ponto a reconciliação com Deus é um requisito para a reconciliação consigo mesmo e com os outros?

Gostaria de explicar esta ligação intrínseca entre a reconciliação com Deus e a reconciliação com outras pessoas. O próprio Jesus, ao responder à pergunta sobre qual seria o mandamento mais importante, faz uma ligação entre o amor a Deus, o amor ao próximo e o amor a si mesmo: "Amarás o Senhor teu Deus de todo o coração, com toda a alma e com toda a mente. Este é o maior e o primeiro mandamento. Mas o segundo é semelhante a este: Amarás o próximo como a ti mesmo" (Mt 22,37-39). Muitos se perguntam: como posso amar a Deus se não posso sequer vê-lo? Não posso amar a Deus como um amigo. João diz em sua carta: "Deus é amor, e quem permanece no amor permanece em Deus, e Deus nele" (1Jo 4,16). Quando olhamos para dentro de nós mesmos, descobrimos, no fundo de nossa alma, o amor como uma força que nos preenche. Somente quando entramos em contato com essa fonte interna de amor é que nos tornamos capazes de amar as outras pessoas e a nós mesmos. Deus como amor é, portanto, a fonte da qual extraímos o amor com o qual podemos amar a nós mesmos e aos outros.

Podemos imaginar de forma semelhante a reconciliação com Deus. Deus é a base do nosso ser. Muitas vezes nos afastamos desse motivo. Vivemos apenas na superfície e não temos relação com nós mesmos. Reconciliar-se com Deus, portanto, significa nos conectarmos à base mais íntima do nosso ser. É nesse sentido que devemos entender a palavra que Paulo escreve na Segunda Carta aos Coríntios: "Em nome de Cristo vos pedimos: deixai-vos reconciliar com Deus!" (2Cor 5,20).

Muitas pessoas, quando ouvem falar de reconciliação com Deus, pensam que Deus é quem deveria se reconciliar conosco. Jesus deveria expiar nossa culpa para que Deus esteja disposto a se reconciliar conosco. Mas esta é uma falsa interpretação das passagens bíblicas. A Bíblia conta, em muitas histórias, que são as pessoas que se afastaram e se distanciaram de Deus. Deus é sempre aquele que está pronto para mostrar a sua proximidade amorosa com as pessoas. Porém a pessoa que se perdeu, ao deixar que o poder do pecado lhe arrancasse do seu meio, fechou-se para Deus. Ela não se atreve a se mostrar, com sua culpa, para Deus. E, assim, foge de si mesma. A Bíblia nos mostra isso na história de Adão e Eva. Ambos se escondem de Deus porque não conseguem se aceitar como são. No caso de Caim, esconder-se torna-se uma fuga. Ele tem que fugir sem parar de sua própria culpa, que contraiu para si mesmo ao assassinar seu irmão Abel.

A reconciliação com Deus é a condição para se manter em si mesmo, para permanecer consigo mesmo, para viver reconciliado e em paz consigo mesmo. Evidentemente, há uma instância no ser humano que constantemente o acusa e o repreende por sua própria culpa. O ser humano não pode se libertar dos seus sentimentos de culpa. É por isso que ele precisa de Deus, para libertá-lo dessa instância interior – na psicologia é chamado de super-eu ou superego – que o condena.

Paulo tentou possibilitar a libertação dessa instância interior, por meio da ideia de justificação pela fé somente. Somos aceitos incondicionalmente por Deus. Para Paulo, essa é a mensagem que podemos tirar da cruz de Jesus Cristo.

Lucas nos mostra outra maneira de nos libertarmos dessa acusação interior. Ele descreve como Jesus perdoa seus assassinos na cruz: "Pai, perdoa-lhes porque não sabem o que fazem" (Lc 23,34). Ao olhar para Jesus, que perdoa até mesmo seus assassinos, podemos confiar que não há nada em nós e sobre nós que Deus não perdoe. O olhar para Jesus desapossa em nós o juiz interno. Lucas combina a imagem de Jesus, que perdoa seus assassinos, com a imagem da pessoa verdadeiramente justa, sobre a qual escreveu o filósofo grego Platão em sua obra *Politeia* . O oficial do exército romano reconhece neste Jesus a imagem ideal do homem justo. Assim ele confessa: "Realmente, este homem era um justo!" (Lc 23,47). Ao olharmos para o homem justo, Jesus, que não se deixa afastar de sua justiça, nem mesmo pelos assassinos, nós mesmos nos tornamos justos, ficamos orientados para Deus e abertos às pessoas para podermos ir ao seu encontro de modo justo.

Aqueles que se culpam correm sempre o risco de culpar os outros. Para Lucas, a cruz é uma ajuda para se livrar da própria autoacusação e se reconciliar consigo mesmo. Esse é também o requisito para que deixemos de culpar os outros. Assim, nos tornamos capazes de aceitar os outros como são, porque eles também são incondicionalmente aceitos por Deus. Desse modo, a fé em Deus, que nos ama incondicionalmente, nos permite reconciliarmo-nos com nós mesmos e com os outros.

Outro caminho para a reconciliação com Deus nós é mostrado na epístola aos Colossenses Ela discorre sobre o desejo de Deus de habitar, com toda a sua plenitude, em seu Filho Jesus Cristo, a fim de "reconciliar tudo consigo mesmo, pacificando pelo sangue de sua cruz todas as coisas, tanto as da terra como as do céu" (Cl 1,20). A reconciliação com Deus significa que Deus vive com a sua plenitude na pessoa de Jesus e que também nos quer preencher com a sua vida divina. Então não estamos mais separados de Deus, mas um com Ele. Ele habita em nós. Cristo é a imagem dessa reconciliação. E essa imagem de reconciliação revela-se na cruz. Foi lá que Cristo fez as pazes por meio do seu sangue.

Como entendera passagem da epístola aos Colossenses? A cruz, com sua maneira cruel de assassinar um ser humano, é a coisa mais distante possível de Deus. Mas quando Jesus morre na cruz, então mesmo essa distância de Deus é preenchida com o amor de Deus. O sangue de Jesus é então a imagem desse amor, que triunfa na cruz sobre todo o ódio do mundo. Se a plenitude de Deus também habita em Jesus pendurado na cruz, então não há nada da vida humana que não possa ser preenchida com a plenitude de Deus, com o amor de Deus. Na cruz, Jesus pende entre o céu e a terra. Dessa forma, Deus quis levar a Cristo tudo no céu e na terra. Na cruz, o céu e a terra se reconciliaram um com o outro, o terreno e o celestial, o mundano e o espiritual, a alma e a natureza.

Por isso, para o teólogo Eduard Lohse, a reconciliação com Deus vai muito além da reconciliação com as pessoas. Ele interpreta essa reconciliação da seguinte forma: "O universo foi reconciliado na medida em que, através da ressurreição e ascensão de Cristo, o céu e a terra voltaram à sua ordem determinada pela criação de Deus"[18]. Não só a humanidade se reconciliou com Deus, mas todo o cosmos, o céu e a terra. Essa é, ao mesmo tempo, uma imagem da reconciliação que ocorre dentro de nós mesmos. Na cruz, reconciliou-se em nós tudo o que é celestial e terreno. Assim, não estamos mais divididos, não somos mais dominados por quaisquer poderes. Por meio da plenitude de Deus, que habita em nós, tudo se torna um com o outro. Na cruz, tornamo-nos um com Deus e, através de Deus, também com nós mesmos e com toda a criação.

---

18. LOHSE, E. *Die Briefe an die Kolosser und an Philemon*. Göttingen, 1977, p. 101.

III
Exemplos de reconciliação

Jacó e Esaú

A Bíblia tem muitas histórias de reconciliação. Ao meditarmos sobre essas histórias, cresce em nós a esperança de que também hoje a reconciliação seja possível. As histórias antigas não querem apenas nos contar sobre o passado, são histórias arquetípicas que querem pintar um quadro de como a reconciliação pode ser possível hoje.

Uma famosa história de reconciliação é a história de Jacó e Esaú. Os dois irmãos eram fundamentalmente diferentes. Esaú, como irmão mais velho, é o homem forte, rústico, ligado à terra. Jacó é o homem ardiloso que ludibria seu irmão, comprando seu direito de primogenitura e então surrupiando a bênção que só pode ser dada uma vez ao primogênito. Esaú deseja se vingar e matar seu irmão. Jacó fica com medo e foge do irmão. Em uma terra estrangeira, ele trabalha para Labão, irmão de sua mãe, a fim de receber sua filha Raquel como recompensa. No entanto, Labão o ludibria e o deixa dormir no escuro com a filha menos bonita, Lia. No final, Jacó se vinga, usando outra artimanha para tirar dois terços das posses do seu sogro Labão, e vai para casa. Mas, de repente, ele fica com medo quando lhe dizem que seu irmão Esaú está vindo ao seu encontro. Ele acha que Esaú vem com seus quatrocentos homens para combatê-lo e matá-lo. Nessa situação, Jacó leva suas esposas e filhos e todos as suas posses atravessando o vau do rio Jaboc. Ele fica sozinho para trás. Naquela noite, um homem obscuro o confronta e luta com ele. Não fica claro se é um anjo de Deus ou o próprio Deus ou um inimigo. Jacó enfrenta a luta. Ele não quer soltar o outro até que o tenha abençoado (Gn 32,27). Deus abençoa Jacó e lhe dá um novo nome: Israel, pois lutou com o próprio Deus.

Essa história estranha e obscura pode ser entendida como Jacó sendo confrontado pela sua própria sombra. Ele não a evitou mais. Esaú representa a sombra de Jacó. Agora, que Jacó enfrentou e se reconciliou com sua própria sombra, ele também é capaz de se reconciliar com seu irmão Esaú. Ele vai ao seu encontro e se prostra sete vezes diante do irmão. "Esaú correu ao seu encontro, abraçou-o, lançou-se-lhe ao pescoço e o beijou. E ambos puseram-se a chorar" (Gn 33,4). É assim que os irmãos se reconciliam. Eles se complementam em vez de continuarem lutando um contra o outro.

A história responde a duas perguntas: primeiro, como a reconciliação pode ser possível? Em segundo lugar, o que a reconciliação traz consigo? À primeira pergunta, a história responde: a reconciliação com o inimigo só é possível se eu primeiro me reconciliar com o inimigo dentro de mim. Para mim, o inimigo é um espelho no qual posso me reconhecer com meus lados sombrios. Portanto, a primeira tarefa é reconciliar-me com meus lados sombrios. Essa é a condição para tornar possível a reconciliação com o inimigo ou com aquele que representa a minha sombra.

À pergunta "o que a reconciliação traz consigo?", pode-se responder da seguinte forma: Jacó percebeu que ele sozinho com sua família não pode enfrentar seu irmão Esaú, que vem ao seu encontro com 400 homens, evidentemente com intenção hostil. E reconhece que, mesmo fugindo do irmão, nunca conseguirá viver em paz.

Sua vida será constantemente ameaçada pelo seu irmão não reconciliado e hostil, que quer se vingar dele. Portanto, Jacó refletiu de maneira racional ao se preparar interiormente para a reconciliação. A preparação se dá, por um lado, pelo encontro com sua sombra e, por outro lado, tratando seu irmão de forma amigável e prostrando-se diante dele sete vezes. Ele mostra ao irmão sua própria impotência e confessa, com seu comportamento humilde, que aprecia o irmão, que abandonou seu antigo comportamento de se colocar acima dele. E talvez isso signifique também que ele admite sua culpa. Ao respeitar o irmão em vez de ludibriá-lo, a reconciliação se torna possível. Jacó não se mostra pequeno pelo seu comportamento. Ele percebeu que a reconciliação é a única maneira de viver em harmonia com seu irmão e, assim, poder viver sua vida em paz e prosperidade no futuro.

JOSÉ E SEUS IRMÃOS

A segunda história de reconciliação é aquela entre José e seus irmãos (Gn 37-50). José é o filho preferido de Jacó. Isso irrita os irmãos. Então, quando seu pai o envia com uma cesta cheia de comida para alimentar o seu gado no campo perto de Siquém, eles decidem matá-lo. Rúben, porém, quer salvá-lo de suas mãos. Então não o matam, mas o jogam em uma cisterna seca. Quando uma caravana de mercadores passa, os irmãos o tiram da cisterna e o vendem por vinte moedas de prata aos mercadores, que levam José para o Egito e lá o revendem como escravo.

Mas Deus concedeu que José fosse benquisto pelo primeiro patrão, depois se tornasse benquisto na prisão e, finalmente, interpretasse os sonhos de seus companheiros de prisão. Uma vez que o faraó não conseguia interpretar dois de seus sonhos e os intérpretes de sonhos do Egito não sabiam nem por onde começar, o oficial que estava na prisão com José o tirou da prisão. Ele interpretou os sonhos do faraó. Como resultado, o faraó o nomeou governador de todo o Egito. Nos primeiros sete anos de fartura, ele manda armazenar o excedente de grãos em grandes celeiros, para que as pessoas tenham suprimentos suficientes para os próximos sete anos de fome. Como Jacó e seus filhos estavam sofrendo com a seca em seu país e não tinham nada para comer, Jacó enviou seus filhos para o Egito. Eles foram até José. José reconhece que aqueles estrangeiros são seus irmãos, mas não se revela a eles. Ele os manda voltar com os sacos cheios de trigo. Mas os encarrega de trazerem consigo da próxima vez seu irmão mais novo, Benjamin, que José ainda não conhece. Na frente de José, eles conversam entre si sobre sua culpa a respeito do irmão. Mas José finge falar apenas egípcio. Quando eles vêm a José pela segunda vez, ele se revela. E eles se reconciliam. José consegue se reconciliar com seus irmãos porque ouviu que eles reconhecem sua culpa e se arrependem. Ele levanta seus irmãos, que ficam completamente estarrecidos quando o reconhecem: "Eu sou José, vosso irmão, a quem vendestes para o Egito. Entretanto, não vos aflijais, nem vos atormenteis por me terdes vendido para cá. Foi para conservar-vos a vida que Deus me enviou à vossa frente" (Gn 45,4s.).

Foi muito grande a injustiça feita a José pelos irmãos. Primeiro queriam matá-lo, depois venderam-no como escravo. Mas a fome de que padeciam levou-os de volta a José. E depois de algumas provas que José coloca para os irmãos, eles se reconciliam. Essa história nos dá esperança de que mesmo o maior sofrimento que infligimos ao outro pode ser revertido se a reconciliação acontecer.

Essa história também responde a duas perguntas: primeiro, como a reconciliação pode ser possível? Em segundo lugar, o que a reconciliação traz consigo? A reconciliação só pode acontecer se os culpados admitirem sua culpa e se arrependerem. É preciso que confrontem a própria culpa, aquilo que fizeram com o outro.

À pergunta "o que a reconciliação traz consigo?", a história responde: para os irmãos não faz bem conviver constantemente com a má consciência de que traíram e venderam o irmão. Eles só podem ficar me paz consigo mesmos se admitirem sua culpa diante daqueles a quem machucaram. A reconciliação é celebrada por José, oferecendo-lhes um banquete festivo. Em seguida, ele os convida a virem com seu pai e todos as suas propriedades para o Egito, uma terra que lhes dá mais prosperidade do que sua pátria. Onde a reconciliação acontece, novas possibilidades de vida surgem para nós, algo novo pode florescer.

A Igreja de Antioquia

A terceira história de reconciliação é contada por Lucas nos Atos dos Apóstolos. Na Igreja de Antioquia surgiu uma feroz controvérsia sobre se os pagãos que se converteram, deveriam ser circuncidados e observar a lei judaica em todos os detalhes. Paulo e Barnabé foram a Jerusalém e contaram aos apóstolos o que Deus fez pelos pagãos. Alguns da seita dos fariseus que se tornaram fiéis exigem em voz alta: "afirmaram ser necessário circuncidar os pagãos e impor-lhes a observância da Lei de Moisés" (At 15,5). A partir daí, os apóstolos convocaram uma assembleia — um concílio — para discutir essa questão. Primeiro vem Pedro, que conta que o Espírito Santo operou por meio dele com o pagão Cornélio e sua família. Então Tiago, que é considerado um cristão judeu rigoroso, aparece e cita os profetas Amós e Jeremias, dizendo que Deus também abrirá o caminho da salvação para os pagãos. Então os apóstolos concordam em três preceitos que os cristãos pagãos devem obedecer. Eles escrevem uma carta às congregações anunciando-lhes o resultado do concílio dos apóstolos. Os cristãos em Antioquia regozijam-se com essa carta e com o encorajamento para continuarem bem o seu caminho.

Lucas nos mostra um caminho de reconciliação para conflitos em que duas partes brigam entre si porque cada parte acha que pode apelar para Deus e, com isso, ter razão. A reconciliação é alcançada quando os representantes das várias escolas de pensamento expressam as suas opiniões, discutindo preocupações e interesses uns com os outros e, em seguida, encontrando uma solução que seja aceitável para todos. Deste modo, a Igreja, que é constituída por cristãos judeus e cristãos pagãos, é capaz de viver em convivência pacífica. E a reconciliação é a condição para que a Igreja seja muito frequentada e possa se espalhar pelo mundo todo. No entanto, essa reconciliação oficial não foi inteiramente mantida. Continuaram existindo conflitos entre cristãos judeus e cristãos pagãos. A respeito disso falam tanto Lucas quanto Paulo em suas cartas nos Atos dos Apóstolos.

Saul e Davi
Reconciliação fracassada

As histórias bíblicas são imagens que nos mostram como a reconciliação é possível. Elas querem adentrar nossa imaginação e reforçar a nossa esperança de que, por meio dessas imagens, encontraremos hoje caminhos de reconciliação. Mas a Bíblia também nos conta histórias nas quais a reconciliação não dá certo.

É o caso da história de Saul e Davi. Saul tem ciúmes de Davi porque o povo está comemorando sua vitória sobre Golias com grande alarde. A partir de então, quanto mais Davi é celebrado e amado pelo povo, maior se torna o ódio de Saul por Davi. O próprio Saulo, evidentemente, sofria de depressão. A Bíblia chama isso de espírito mau de Deus que tomou conta de Saul repetidas vezes (1Sm 18,10ss.). Davi então sempre acalma Saul dedilhando a cítara. Saul precisa de Davi para superar sua depressão. Mas, ao mesmo tempo, ele quer matá-lo e atira a lança duas vezes contra Davi, que, no entanto, sempre consegue se esquivar. Mais tarde, Saul tenta, sem sucesso, livrar-se de Davi através de uma artimanha. Por fim, Saul o persegue e quer matá-lo. Por duas vezes, Davi tem a oportunidade de matar Saul secretamente. Mas Davi poupa seu inimigo. Ele está reconciliado com Saul Contudo, Saul não supera seu ódio por Davi, mesmo quando diz a Davi após ser poupado: "Tu és mais justo do que eu, pois tu me fizeste o bem, enquanto eu te fiz o mal" (1Sm 24,18). Seu ciúme e inveja contra Davi impossibilitam que ele se reconcilie com Davi. Assim, ele cai em batalha contra os filisteus. O Davi mesmo está reconciliado com Saul. Quando Saul cai em batalha contra os filisteus, Davi canta para ele uma comovente canção fúnebre (2Sm 1,19ss.).

Apesar da vontade de Davi de se reconciliar, a reconciliação entre ele e Saul não é possível porque Saul é invejoso e ciumento e porque ele está sempre atormentado por humores depressivos. Portanto, há algo doentio nele. Quando nos deixarmos guiar por emoções como a inveja e o ciúme, somos incapazes de reconciliação. E as doenças mentais muitas vezes nos impede de lidar com outras pessoas de forma razoável e conciliadora. Podemos reconhecer essa incapacidade de conciliação hoje em políticos que sofrem de complexos de inferioridade e, por isso, abusam de seu poder para diminuir os outros. Sintomas neuróticos dividem essas pessoas e, em seguida, levam à divisão de países e nações inteiras entre si.

Exemplos da nossa época

Nossa esperança de reconciliação é fortalecida não apenas pelas histórias bíblicas, mas também pela experiência histórica. Temos a reconciliação entre brancos e negros na África do Sul. Como Nelson Mandela estava disposto a perdoar seus algozes após 27 anos de prisão, o caminho para a reconciliação entre brancos e negros tornou-se possível. Mandela zelou por uma transição amena e conclamou sempre a reconciliação. Os católicos e protestantes, que por anos lutaram entre si na Irlanda do Norte, deram passos para a reaproximação.

Muitos consideraram como um milagre que o muro entre as Alemanhas Oriental e Ocidental tenha caído sem violência em 1989. A queda do Muro de Berlim foi iniciada pelas pacíficas manifestações das segundas-feiras, às quais o pastor protestante Christian Führer convidou após a oração pela paz na Igreja de São Nicolau. Foi uma manifestação com velas, sem armas e sem violência. Dessa forma, a oração acabou tendo efeito sobre a queda do Muro de Berlim. Mas as experiências das pessoas com a reunificação, nos lados oriental e ocidental, mostram que realmente não é tão rápido e nem fácil reconciliar as pessoas depois de tantas décadas. Velhos preconceitos continuam impedindo as pessoas na parte oriental e na ocidental de se entenderem e aceitarem umas às outras. O fortalecimento do AfD [partido de extrema-direita *Alternative für Deutschland*] na antiga Alemanha Oriental é uma expressão do fato de que muitas pessoas na região têm a sensação de que não são ouvidas e não levadas a sério. Leva muito tempo para que a reconciliação realmente chegue aos corações e supere todos os preconceitos e ressentimentos entre as pessoas.

A história também nos mostra que, às vezes, perde-se a oportunidade de reconciliação. O presidente egípcio Anwar al-Sadat e o presidente israelense Menachem Begin assinaram um tratado de paz como parte das negociações de Camp David. O tratado de paz levantou esperanças em todo o mundo de que os campos opostos entre israelenses e árabes, inimigos há anos, pudessem se reconciliar e conviver em paz. Mas Anwar al-Sadat foi assassinado por pessoas radicais de seu próprio povo.

Por causa do assassinato, perdeu-se um momento crucial da história, no qual a reconciliação era possível, e enterrou-se a esperança de reconciliação. O mundo inteiro continua atribulado pelo conflito cada vez mais tenso entre israelenses e árabes.

Nos últimos anos, movimentos nacionalistas ganharam força em muitos países. E governos autoritários estão reforçando esses movimentos e impedindo, assim, a reconciliação. Dessa forma, tem sido boicotada a reconciliação entre russos e ucranianos, entre a Rússia e a Europa, entre a Turquia e a União Europeia. No entanto, é preciso ter esperança de que esses conflitos possam ser resolvidos. Neste momento, na guerra na Ucrânia, sentimos que o mundo inteiro tem sido afetado. Os preços dos alimentos estão subindo, fazendo com que países pobres sofram ainda mais com a fome. O aumento dos preços da energia está levando a um aumento acentuado do custo de vida na Europa, o que levará muitas pessoas à pobreza na Europa e freará o desenvolvimento econômico global.

Mais uma razão para saudarmos pessoas como Nelson Mandela ou Gandhi, como Sadat ou Begin, que tiveram a coragem de sair dos antigos frontes e se dirigir aos grupos adversários. Essa não é uma questão apenas para os políticos, mas também para todos aqueles que têm responsabilidade na sociedade e, em última análise, para todos os cidadãos e cidadãs. Afinal, estes devem eleger políticos dispostos a trilhar caminhos de reconciliação.

IV
Os frutos da reconciliação

Quais são os efeitos da reconciliação?

A reconciliação não deve ter necessariamente uma finalidade. Ela é um valor em si mesma. Porém, mesmo que aceitemos isso, ainda podemos perguntar o que a reconciliação traz para nós e para a sociedade, quais são os frutos que brotam da reconciliação para nós e para a sociedade. Trata-se de saber se algo cresce em nós a partir da reconciliação. Quando me reconcilio com uma pessoa, então evoluí internamente? Então amadureci espiritualmente? Eu me transformei? Quando olhamos para essas experiências que temos com a reconciliação, podemos falar dos frutos que brotam da reconciliação. A imagem dos frutos nos impede de julgar moralmente a reconciliação. Pelo contrário, convidam-nos a difundir a reconciliação. Pois sentimos que a reconciliação é boa não só para nós, mas para todos, e que também traz bênçãos para todos.

O poeta alemão Peter Huchel descreve em seu poema *"Die Versöhnung"* [A reconciliação], de forma impressionante, o que a reconciliação pode alcançar:

> Quando, jovens, ressuscitamos e caminhamos
> por becos cheios de gritos e tormentos,
> percebemos como as pessoas pobres temiam
> essa fartura em nossos pratos.
> Os irmãos sentiam-se perdidos no escuro
> e choravam enquanto nossos gestos
> irradiavam a reconciliação, nascida no fundo de nós.
> Arrebatados, ajoelharam-se à terra!
> Mas derramamos luz de nossas mãos
> sobre aqueles que calavam tímidos.
> Então Deus clamou, seu dorso tremeu:
> ele se viu a si mesmo de joelhos!
> Confraternizados estávamos e não mais solitários.
> Reencontramo-nos profundamente e nos despedaçamos.
> Até uma margem reconciliada, nadamos juntos,
> as florestas floresciam e os animais falavam[19].

Peter Huchel começa seu poema com a discrepância entre ricos e pobres. Mas chama as pessoas pobres de irmãs e irmãos que se sentem perdidos neste mundo, cujo esplendor lhes passa ao largo. Depois, porém, vivenciaram o gesto de reconciliação por parte dos ricos. Estes choram e se ajoelham. Aqueles não esperavam isso. O próprio Deus se ajoelhou porque aqui aconteceu o milagre da reconciliação entre ricos e pobres. Agora todos estão confraternizados, ninguém se sente mais sozinho. Agora se inicia uma nova era. Juntos, eles nadam até uma margem reconciliada. A natureza ao seu redor está se transforma porque os seres humanos estão se reconciliando entre si. As florestas estão florescendo e os animais estão falando. Agora acontece a reconciliação entre humanos e nature-

---

19. HUCHEL, P. *Die Gedichte*. Frankfurt, 1997, p. 320.

za, entre humanos e animais, entre humanos e plantas. E todos prosperam: os humanos, as florestas e os animais. Esse é o fruto da reconciliação, que não só as pessoas prosperem, mas também a natureza ao seu redor. Todos ansiamos por uma reconciliação como essa. Poetas como Peter Huchel têm a coragem de nos descrever a utopia dessa reconciliação, na esperança de que a imagem da utopia tenha um efeito reconciliador sobre nós.

Os poetas descrevem os frutos da reconciliação em imagens. Gostaria de descrever sete valores que nascem da reconciliação. Esses valores são virtudes – como diziam os latinos, *virtutes* – ou seja, fontes de energia das quais podemos extrair nova energia para nós mesmos e nossa convivência. Ou como a palavra grega *areté* expressa: as virtudes permitem que as pessoas vivam uma vida boa e feliz. E como a sabe a própria língua portuguesa, os valores tornam a vida valiosa. Os valores são, por assim dizer, frutos que nascem da reconciliação. Sete é o número clássico da transformação. Os frutos da reconciliação transformam indivíduos e a convivência entre pessoas, grupos e povos.

Paz

Onde acontece a reconciliação, cria-se a paz. Paz é mais do que um cessar-fogo. A palavra grega para paz, *eirene*, vem da música. Significa que os diferentes tons dentro de uma sociedade entram em harmonia: o alto e o baixo, o agudo e o grave. Cada tom tem o seu espaço. Não é suprimido. Mas se encaixa na harmonia de uma sinfonia. A palavra alemã *Frieden* [paz] está relacionada a *Freiheit* [liberdade] e *Freundschaft* [amizade]. A paz só surge onde passamos pela experiência de sermos amigos, onde estranhos se tornam amigos. A palavra latina para paz, *pax*, refere-se a negociações e conversas entre as pessoas. A paz só surge quando estamos dispostos e capazes de conversar uns com os outros, de ouvir uns aos outros, para que um diálogo possa acontecer. Onde um verdadeiro diálogo acontece, surge a paz.

A paz não é uma paz imposta, como foi o caso da paz militar do imperador César Augusto, que foi considerado o imperador da paz. Em contraste com a paz de Augusto, imposta pela força, o evangelista Lucas descreveu a paz que surgiu na terra por meio do nascimento de Jesus. Essa paz veio de Deus e foi oferecida a nós, seres humanos, ao nos deixarmos contagiar pelo amor do menino divino. É uma paz que brota do amor de uma criança inofensiva.

E é a paz proveniente do fato de que o mundo todo, a natureza e os seres humanos são preenchidos e permeados pelo espírito divino na encarnação de Deus. O próprio Deus cria essa paz permeando tudo com seu amor, até mesmo as contradições em nós e no mundo.

Na Europa, todos desfrutamos da paz que durou 75 anos após a Segunda Guerra Mundial. E estamos inquietos e chocados por essa paz ter sido rompida pela guerra na Ucrânia. Todos nos sentimos ameaçados. A paz cria uma atmosfera que é boa para nós, na qual podemos viver com plena confiança. A discórdia cria sempre uma tensão que nos muitas vezes nos divide e que, no longo prazo, nos sobrecarrega. É por isso que desejamos a paz entre os povos, mas também a paz nas famílias e na nossa sociedade. Uma família que vive em discórdia torna mais difícil a vida dos membros individualmente. A discórdia lhes rouba energia e os impede de se dedicarem com toda a energia ao seu trabalho e à sua vida. A discórdia custa muita energia e paralisa tanto os pais quanto os irmãos. Quando a família consegue, por meio da reconciliação, viver em paz novamente, muitas coisas podem florescer nos membros individualmente e, assim, eles podem se dedicar à própria vida com alegria.

LIBERDADE

Onde há reconciliação, as pessoas se sentem livres. Pessoas não reconciliadas estão constantemente ao redor de pessoas que consideram inimigas. Deixam que suas vidas sejam determinadas por aqueles que as feriram ou que combatem porque os consideram inimigos. A liberdade permite ao indivíduo respirar aliviado. A reconciliação os liberta do fardo do passado. As pessoas não reconciliadas continuam carregando o fardo do passado, o fardo da injustiça que lhes foi feita, o fardo da humilhação, o fardo das experiências dolorosas. A reconciliação nos liberta do passado. Não estamos mais dominados pela compulsão à repetição.

Sigmund Freud fala da compulsão à repetição tendo em vista o indivíduo humano. Quem não olha para as feridas da infância, corre o risco de repeti-las. Uma mulher que era desvalorizada pelo pai quando menina se envolve repetidamente com homens que a desvalorizam de maneira semelhante. Ela acha que é como uma maldição. Do ponto de vista freudiano, é compreensível. Ela tem que enfrentar a desvalorização do pai e se reconciliar com isso. Assim ela se liberta dessa compulsão de se envolver sempre com os homens errados.

No entanto, a compulsão à repetição também se aplica às sociedades. Uma sociedade que não se reconcilia com seu passado repete o padrão de comportamento do passado. Por isso, para a verdadeira reconciliação é crucial investigar minuciosamente o passado e confrontar os padrões do passado. Qual foi a causa de guerras passadas, crises passadas, desastres passados? Quem não conhece o passado está fadado a repeti-lo. É o que estamos vivendo hoje em nossa sociedade. Pessoas de diferentes idades, que não se esforçam para realmente observar o passado da Alemanha e sofrer com a injustiça que seus pais fizeram com outros povos, estão repetindo os lemas dos nazistas.

Em um ambiente não reconciliado, não se pode respirar livremente. Há um medo constante de ser atacado e insultado por pessoas não reconciliadas. Ficamos sob pressão por termos de nos defender. E temos um medo constante de dizer algo pessoal porque isso nos pode ser mal interpretado. Não estamos livres para expressar aquilo que sentimos. Há sempre pessoas que se sentem atacadas por nós porque abordamos questões com as quais elas próprias não se reconciliaram. Quando nos reconciliamos com nós mesmos, nos sentimos livres da pressão de termos que nos justificar a todo instante. Simplesmente somos. Vivenciamos a liberdade do puro ser. A reconciliação é a condição para se sentir livre por dentro e por fora.

Confiança

Onde acontece reconciliação, nasce confiança entre as pessoas. Quando a esposa e o marido olham honestamente para os erros do seu passado e com eles se reconciliam, nasce a confiança: o marido volta a confiar na sua mulher e a mulher volta a confiar no seu marido. Após a reconciliação, a confiança entre os cônjuges adquire uma nova qualidade. Ambos estão cientes também da ameaça à confiança. Ainda mais agradecidos, eles vivenciam a confiança e tentam protegê-la como um bem precioso.

Com a reconciliação, aumenta a confiança entre empregadores e empregados. Quando a confiança prevalece na empresa, as pessoas podem trabalhar melhor umas com as outras e também alcançarão melhores resultados para a firma. Com a reconciliação, aumenta também a confiança entre os diversos partidos e grupos sociais e entre os povos. Após a Segunda Guerra Mundial, os partidos políticos eram muito mais hostis uns aos outros do que são hoje. Atualmente, coligações com diferentes partidos são possíveis. Apenas partidos mais extremos mostram-se inconfiáveis para estabelecer parcerias com outros partidos honestamente. As pessoas na França e na Alemanha também confiam umas nas outras. Há muitos programas de intercâmbio, por exemplo, entre alunos de escolas alemãs e francesas. Muitos alemães passam as férias na França e têm amigos franceses. A reconciliação entre os povos trouxe uma relação descomplicada entre as pessoas, uma confiança que dá origem a amizades.

A reconciliação também gera confiança na vida cotidiana. Se vou ao supermercado com a sensação de que as pessoas estão em sintonia consigo mesmas, então vou despreocupado e confiante ao supermercado. No entanto, se tiver de contar com que pessoas não reconciliadas percam a cabeça e me insultem por uma insignificância qualquer, então vou às compras com uma antipatia interior e, muitas vezes, sob tensão.

A reconciliação é a condição para a confiança nas outras pessoas. Quando estou com pessoas não reconciliadas, a confiança não pode se desenvolver. Poisa a pessoa não reconciliada é incapaz de se envolver com o outro. Ela projeta constantemente nos outros o que não aceitou em si mesma. Não encontra o outro, mas apenas a pessoa, que ela percebe através das lentes das suas projeções. Ela define o outro pela imagem que fez dele. Assim, não surge nenhuma relação de confiança.

VÍNCULOS

A reconciliação resolve as divisões entre as pessoas, na sociedade e entre os grupos étnicos. Ela cria novos vínculos e a sensação de pertencimento. Todas as pessoas atualmente anseiam por vínculos. Quem se sente conectado não se sente sozinho. E se sente apoiado pelas pessoas com quem se sente conectado. Os vínculos são bons para a alma do indivíduo, mas também para a atmosfera de uma sociedade e do mundo. A conexão nos permite procurar soluções comuns para os problemas do futuro, por exemplo, nas políticas climáticas e nas políticas para refugiados. Os grandes problemas da humanidade só podem ser resolvidos por meio dos vínculos e não por meio da rivalidade.

No fundo de nossas almas, estamos vinculados a todas as pessoas da Terra. Trata-se de tomarmos consciência dessa vinculação. A partir disso, os conflitos são colocados relativizados. Eles já não nos dividem mais. Não reprimimos conflitos nem diferenças na nossa visão da vida. Suportamos as diferenças sem nos dividirmos porque no fundo nos sentimos conectados. O franciscano Richard Rohr é da opinião de que não temos que ser *"perfect but connected"*, ou seja, não perfeitos mas sim conectados. Onde nos sentimos conectados, também tentamos procurar juntos maneiras de viver neste mundo por um longo prazo. Não deixamos que os conflitos escalem, mas sim olhamos para eles a partir do sentimento de que estamos vinculados uns aos outros apesar de todos os conflitos.

Em uma sociedade onde as pessoas se sentem conectadas umas com as outras, há uma atmosfera que faz bem para as pessoas. Institutos de pesquisa investigam em quais países as pessoas são mais felizes. O resultado é claro: onde as pessoas se sentem conectadas, a satisfação com a própria vida também é maior. Nesses lugares há menos tensões sociais.

CRIATIVIDADE

Onde há vínculos, desenvolve-se a criatividade. Neurocientistas descobriram que as crianças que se sentem conectadas com seus pais e irmãos desenvolvem conexões mais criativas no cérebro. O cérebro da criança ainda está aberto a muitas conexões. Onde há conexão, realizam-se as melhores sinapses, que são responsáveis pela criatividade da criança. Isso também se aplica a empresas e países. Em uma empresa em que os colaboradores se sentem conectados, prevalece um clima de criatividade. Os funcionários têm vontade de buscar novas soluções. Onde há medo, não é a criatividade que surge, mas no máximo a fraude, como mostrou o exemplo do escândalo do diesel na Volkswagen. Ali, os funcionários estavam sob pressão. A direção da empresa criou um clima de medo. Esse medo acabou sendo o culpado por os funcionários terem desenvolvido soluções fraudulentas.

O que vale para indivíduos e empresas vale também para a sociedade e para os povos. Somente onde há conexão é que surge a criatividade. Alfred Delp, na perspectiva de prisioneiro em 1944, em sua meditação sobre a sequência de Pentecostes *"Veni sancte spiritus"*, escreve sobre a sociedade sem criatividade: "que de repente um povo inteiro, uma geração inteira, não possa mais pensar em nada sensato, nem na percepção prática nem na forma, nem na arte nem na política, nem na filosofia, nem na teologia e nem na religiosidade"[20]. Delp teve essa percepção em um estado totalitário. Estados totalitários criam um clima de medo. E nesse clima, não há criatividade. A reconciliação é o requisito para que novas ideias surjam dentro de um povo. Isso vale para a filosofia e a teologia, vale para as ciências naturais e para a tecnologia. E também se aplica à cultura. Se olharmos para a história, os tempos em que prevalecia a paz, em que as pessoas de diferentes povos estavam reconciliadas, foram também os tempos mais frutíferos culturalmente.

A criatividade hoje é requisitada também na gestão das empresas. Antigamente, um bom líder era aquele que planejava com antecedência os próximos dez anos. Atualmente, o mundo está se transformando tão rapidamente que o planejamento de longo prazo não é mais possível. Soluções criativas tornam-se ainda mais importantes. Isso vale também para a política. As velhas leis que regem a política há décadas não se aplicam mais. É necessária criatividade para reagir de modo adequado às novas situações que emergem recorrentemente devido às mudanças climáticas, às pandemias e aos conflitos bélicos imprevistos.

---

20. DELP, A. *Gesammelte Schriften*. Vol. 4. Frankfurt, 1984, p. 288.

JUSTIÇA

A Bíblia diz: "O que uma pessoa semear, também haverá de colher" (Gl 6,7). Assim, quem semear a justiça colherá a paz. Justiça e paz condicionam-se mutuamente. Onde as pessoas não estão conciliadas, surgem estruturas injustas, distribuição injusta de oportunidades de vida, distribuição injusta de bens. Onde o dinheiro impera, não há justiça. Tudo gira sempre em torno de mais dinheiro ainda. Justiça significa que me torno justo comigo mesmo, com a minha essência enquanto ser humano. Se me deixo dominar pelo dinheiro, não estou fazendo justiça à minha essência. Então eu também não serei justo com os outros. Então não presto atenção ao princípio da justiça *suum cuique*, ou seja, dar a cada um o seu. Então não me preocupo com os direitos dos outros, apenas com a satisfação das minhas próprias necessidades.

No âmbito pessoal, a pessoa não reconciliada deseja que sejam aplicadas medidas contra outras pessoas que são injustas. Ela se vinga, por assim dizer, por meio de ações injustas contra aqueles de quem não gosta, por quem sente que foi tratado injustamente. Muitos sentem que foram tratados injustamente por seus pais. Nesse sentido, um irmão ou uma irmã torna-se preferido pelo pai ou pela mãe. O tratamento injusto dado aos filhos mostra sempre que os pais não se reconciliaram com a sua própria história de vida, mas projetam as suas próprias necessidades nos filhos. Eles acham que estão tratando os filhos de forma justa. Mas não percebem que estão projetando nos filhos suas próprias necessidades reprimidas e acabam preferindo os filhos que vivem seus desejos não vividos. Pessoas que sentem terem sido tratadas injustamente quando crianças descontam muitas vezes seus sentimentos de injustiça sobre outras pessoas. Embora elas próprias tenham sofrido com o tratamento injusto de seus pais, elas mesmas agem injustamente e repassam adiante suas feridas.

No nosso mundo há uma distribuição injusta de bens. Por mais que nos esforcemos por justiça, nunca haverá uma justiça absoluta na Terra. Por um lado, como diz Jesus, devemos ter fome e sede de justiça. Devemos nos empenhar pela justiça no mundo. Por outro lado, temos também de nos reconciliar com o fato de que não haverá justiça absoluta. Por isso, é tarefa do indivíduo conciliar--se com as pessoas que vivem em condições substancialmente mais confortáveis do que as suas. Mesmo que eu ache injusto que outras pessoas sejam tão ricas, é importante me conciliar com essas condições injustas. Isso não significa que eu fique satisfeito com isso. Devemos também lutar por justiça. Mas por mais que nos empenhemos pela justiça, nunca haverá justiça absoluta. Temos de nos reconciliar com essa limitação na nossa busca por justiça.

A reconciliação entre os povos é o requisito para que prevaleça a justiça no nosso mundo. Em um mundo reconciliado, busca-se justiça. Em nosso mundo globalizado, a justiça é o requisito para que a humanidade cada vez mais cresça junta, para que ela distribua os recursos de forma justa. Se a globalização for imposta pelo poder dos mais fortes, ela se tornará uma fonte constante de conflitos, guerras e inimizades. A globalização só será uma bênção para a humanidade se for vinculada com a justiça. As tensões em nosso mundo se devem, em parte, à tentativa dos Estados Unidos de impor, com seu poder econômico, seus próprios interesses no mundo e, assim, determinar o caminho da globalização. Mas isso está levando à resistência em muitos países. Encontrei essa resistência em países da América do Sul, mas também em países asiáticos que têm laços econômicos estreitos com os Estados Unidos. A reconciliação deverá dissolver as resistências e os preconceitos. Mas são necessários sinais de reconciliação para que a globalização dê certo no futuro.

Harmonia

A harmonia era um conceito central para a filosofia grega. Significa a união dos opostos em um todo ordenado, a unidade na diversidade de um todo. Os gregos falavam da *harmonia mundi*, da harmonia do mundo. Pitágoras acreditava na harmonia das esferas, que também buscava uma expressão na música humana. Harmonia significa que tudo ressoa junto, tudo está em sintonia. A harmonia é, em si mesma, a reconciliação de tendências contraditórias.

Harmonia não significa harmonização. Na harmonização, não desejo perceber os contrastes e contradições. Cria-se um sentimento de reconciliação só aparente. Harmonia significa que mesmo pessoas opostas se tratam mutuamente de forma harmoniosa. Quando pessoas são convidadas para uma festa, temos depois a frequente sensação de que foi uma noite harmoniosa. Mas fica a pergunta: o que foi que tornou essa noite harmoniosa? Por um lado, deveu-se ao fato de que o anfitrião fluía uma sensação de tranquilidade e abertura, de amplidão e bem-querer. O anfitrião, conscientemente, convidou não só pessoas que estão na mesma frequência, mas também pessoas que pensam diferente. No entanto, os pontos de vista opostos não perturbaram a harmonia, pois todos estavam dispostos a superar as diferenças. Contudo, se o anfitrião tivesse ficado estressado e se sentido internamente destroçado ou pressionado a reunir todos os convidados, estes teriam sentido essa pressão e dilaceramento interior e não teria sido uma noite harmoniosa. Somente onde os anfitriões se reconciliam consigo mesmos e irradiam algo conciliador é que se pode celebrar uma festa harmoniosa.

Coragem

Romano Guardini entende a coragem como "aceitar a própria existência [...]. Essa existência é uma teia de coisas boas e ruins, alegres e tristes; de coisas que ajudam e carregam, bem como daquelas que dificultam e sobrecarregam. Coragem, porém, significa não escolher o que é agradável ou que pode ser fácil de viver, mas aceitar o todo assim como ele é"[21]. A coragem, então, tem a ver com reconciliar-se com o próprio destino, de estar disposto a suportar o que me acontece, mesmo que às vezes seja desconfortável. A coragem não escolhe, mas aceita o que se exige dela.

Nesse aspecto, a coragem tem a ver com a reconciliação. A coragem mostra, por um lado, que a reconciliação não é tão fácil, mas sim que requer valentia para se reconciliar com o que está dentro de mim e o que me acontece de fora. Mas a coragem é também fruto da reconciliação. Quando me reconcilio comigo mesmo, também encontro dentro de mim a coragem de aceitar o que que me acontece. E coragem é a disposição de aceitar o que virá no meu caminho no futuro. Para Guardini, a coragem também está em ousar com o futuro. A "coragem aceita o que está

---

[21]. GUARDINI, R. *Tugenden, Meditationen über Gestalten sittlichen Lebens*. 3. ed. Würzburg, 1987, p. 93.

por vir, vê nisso a sua própria tarefa e coloca-se nela"[22]. Em um ambiente reconciliado, é mais provável que eu tenha coragem de correr riscos. Pois eu não tenho que me proteger constantemente de pessoas que projetam seus próprios lados sombrios em mim. Não preciso ter medo de que todas as minhas palavras sejam imediatamente retribuídas com *shitstorms* cheias de palavras que machucam. Em um mundo reconciliado, posso me apresentar como sou, posso dizer o que é verdade para mim. Eu não preciso ficar pensando a todo instante em como os outros podem reagir às minhas palavras. E tenho a coragem de encarar os problemas sem medo de cometer um erro que depois será amplamente debatido na esfera pública.

---

22. Ibid., p. 97.

Esperança

Onde ocorre a reconciliação, as pessoas ficam cheias de esperança. A esperança torna as pessoas mais vivas. Em alemão, a palavra *"hoffen"* [esperar, ter esperança] vem de *"hüpfen"* [saltitar]. Expressa a vivacidade, a vontade de viver, a vontade de celebrar a vida. Os latinos sabem: *Dum spiro spero* , "enquanto eu respirar, eu espero". A esperança é essencial para o ser humano. Ernst Bloch afirmou em seu importante livro *Das Prinzip Hoffnung* [O princípio esperança] que só é valiosa a ação humana que é permeada de esperança e que transmite esperança. A esperança é uma fonte de energia. Quando reconheço que através do meu trabalho trago esperança para o mundo, então estou gostando de trabalhar e também sinto alegria no meu trabalho. Tenho mais energia para trabalhar bem. Mas não é só por meio do nosso trabalho e da nossa profissão que transmitimos esperança, senão também como pessoas. E por isso é um bom exercício perguntar-se: que esperança eu transmito como pessoa, no trato com os outros, nas minhas conversas, no que digo ou escrevo, no meu carisma sobre os outros?

Para Ernst Bloch, a esperança é a força que cria um futuro novo e bom. Um bom arquiteto é aquele cujos edifícios são construção de esperança, esperança de beleza, de conforto, de segurança, de lar. Uma boa professora transmite a esperança do sentido da vida, esperança de moldar a própria vida e ser capaz de trabalhar por um bom futuro. O médico transmite esperança de cura, o cientista esperança de novas soluções para a crise energética, a crise climática ou o combate à propagação de doenças. Mas a esperança só pode florescer em um mundo reconciliado. Enquanto as pessoas não se reconciliam, esperamos pela reconciliação. E essa esperança não devemos perder nunca. Esperança é diferente de expectativa. As expectativas podem ser frustradas. A esperança não pode nunca ficar decepcionada. Pois sempre temos esperança pelo outro e do outro. E esperamos o que não vemos, como diz Paulo (Rm 8,25). Desse modo, a esperança é um motor para a reconciliação no mundo e, ao mesmo tempo, um fruto da reconciliação. Pois um mundo reconciliado é cheio de esperança por um futuro melhor.

Para o filósofo francês Gabriel Marcel, que escreveu uma filosofia da esperança, esperança e comunidade andam juntas. Nunca espero só por mim, mas sim, no final das contas, sempre por nós. Para Gabriel Marcel, o individualismo é uma das razões pelas quais muitas pessoas hoje acham difícil ter esperança. É preciso a experiência de uma comunidade reconciliada para que a esperança floresça em nós e nos dê força para, apesar de todos os problemas, acreditarmos em um futuro bom para o nosso mundo e nos empenharmos nisso.

Hoje vemos as dificuldades que impedem a reconciliação. Precisarmos mais ainda de esperança. Não podemos permitir que a nossa esperança seja destruída pela realidade de uma sociedade dividida, pela realidade dos conflitos bélicos no mundo, pela realidade das divisões na Igreja, nas empresas e nas famílias. A esperança é a força capaz de transformar algo. O filósofo grego Heráclito cunhou a bela frase: "Mas quem não espera o inesperado não o encontrará". Assim, tendo em conta a realidade por vezes tenebrosa do nosso mundo, não devemos deixar que nos tirem a esperança.

A Bíblia sempre nos encoraja a ter esperança. Quando os judeus retornaram do cativeiro babilônico, a reconstrução estagnou. Esdras, que se esforça para levantar o povo judeu, confessa, chorando, sua culpa e sua incapacidade de se reconciliar. Mas então Sequenias lhe responde: "Fomos infiéis a Deus [...] mas ainda resta esperança para Israel" (Esd 10,2). Os salmos exortam-nos sempre a manter firme a esperança: "Espera no SENHOR! Sê forte e corajoso no teu coração! Espera no SENHOR!" (Sl 27,14). E também: "[...] mas os que esperam no SENHOR possuirão a terra" (Sl 37,9). "Possuir a terra" é uma imagem para uma vida exitosa. A esperança torna possível viver pacificamente na terra.

Os primeiros cristãos evidentemente irradiavam esperança em sua sociedade. Isso deixava as pessoas ao seu redor curiosas. A Primeira Epístola de São Pedro instrui os cristãos, questionados pelos pagãos sobre o motivo de sua esperança: "[...] e estai sempre prontos para responder àqueles que perguntarem pelo motivo de vossa esperança" (1Pd 3,15). Essa seria também a nossa tarefa como cristãos neste mundo, para que, no meio deste mundo dividido, nos tornemos fermento da esperança de reconciliação, que não nos deixemos paralisar pelas experiências negativas, mas sim que mantenhamos firme a nossa esperança. Do mesmo modo, a Epístola aos Hebreus adverte os cristãos, que na época – assim como agora – se cansaram da fé e da esperança: "Mantenhamos inabalável a confissão da esperança, porque é fiel quem a prometeu" (Hb 10,23).

Conclusão
Cada reconciliação é um recomeço

Cada reconciliação é um recomeço. Na Segunda Epístola aos Coríntios, antes de Paulo falar do ministério de reconciliação que Cristo confiou a ele e a todos os cristãos, recorda-lhes que são uma nova criatura: "quem está em Cristo é criatura nova. O que é velho passou, e um mundo novo nasceu" (2Cor 5,17). Evágrio Pôntico, um monge do século IV, aconselha os monges que passam o tempo todo em torno do passado com suas feridas e decepções, a repetir essa passagem a si mesmos repetidas vezes, para intervir na sua decepção. Então eles sentiriam: eu não sou apenas o meu passado, eu me tornei novo em Cristo. Posso deixar o que é velho para trás.

As experiências que os monges tiveram com essa passagem podemos ter também nós quando reitero a mim mesmo: estou reconciliado com a minha história, com o meu amigo, com o meu cônjuge, com os meus colegas do trabalho, então vou vivenciar que algo novo cresce em mim. Enquanto não me reconciliar, sinto sobre mim o peso do passado. Os velhos conflitos me angustiam, me paralisam, me roubam energia. Na reconciliação, livro-me de velhas brigas e mal-entendidos, de preconceitos e condenações. Então eu posso começar de novo, marcar um novo início. E eu me vivencio de uma nova maneira, como se renascesse, com nova coragem de viver, com nova energia e nova esperança para o futuro.

Muitas pessoas têm a sensação de que são determinadas pelo seu passado. Sentem-se desfavorecidos por terem experimentado tantas feridas e deficiências em sua história de vida. A reconciliação é a promessa de que não somos determinados pelo passado. Como pessoas reconciliadas, podemos sempre começar de novo, aproximar-nos de novo das pessoas, envolver-nos de novo com a vida, sem ter de ficar carregando sempre conosco o fardo do passado. Não reprimimos o passado, mas nos libertamos do seu fardo aos nos reconciliarmos com ele.

Ao novo começo após a reconciliação aplicam-se duas palavras contraditórias: por um lado, a expressão de Hermann Hesse, de que em cada começo habita um encanto. Por outro lado, há o ditado popular: "Todo começo é difícil". Quando me reconcilio com um amigo, sinto o encanto de um novo começo. De repente, podemos falar uns com os outros mais pessoalmente do que jamais antes foi possível. Também falamos sobre nossos lados sombrios, que ficamos conhecendo durante o conflito e a briga. Não fingimos nada mais entre nós. Agora confiamos completamente uns nos outros. Nos tornamos livres da imagem que cada um fez um do outro. E temos o sentimento de que ambos amadurecemos. Nós dois passamos por momentos difíceis, por tempos de incompreensão de ambos os lados, por tempos de distanciamento, de mágoa, de desamparo, de impotência. Todavia, agora deixamos esses tempos sombrios para trás. O sol da reconciliação se ergueu sobre nós. Agora caminhamos em uma luz brilhante e ao mesmo tempo suave que ilumina tudo o que está tenebroso dentro de nós, que aceita em nós tudo o que reprimimos durante o conflito e que projetamos no outro.

O encanto do novo começo pôde ser experimentado quando Adenauer e de Gaulle apertaram as mãos, quando novas amizades surgiram de uma vez entre alemães e franceses, quando soldados que lutaram uns contra os outros na guerra de repente celebraram missas juntos. Também na reconciliação entre a Alemanha Ocidental e a Alemanha Oriental havia um brilho que fez os olhos das pessoas reluzirem. Foi possível deixar para trás o passado em que haviam se isolado um do outro. Não só parentes estavam nos braços um do outro, mas também pessoas que sequer se conheciam. Todos celebravam juntos a festa da reunificação.

Ao mesmo tempo, as pessoas no leste e no oeste perceberam que todo começo é difícil. Após a euforia inicial, a decepção aflorou de ambos os lados. As pessoas na Alemanha Oriental muitas vezes achavam os alemães ocidentais arrogantes e sabichões. As pessoas da Alemanha Ocidental que iam para a Oriental para apoiar e reorganizar os bancos ou escritórios de lá ficavam decepcionadas com as estruturas às vezes incrustadas e a resistência contra as inovações. E surgiram sentimentos de inveja porque os alemães ocidentais ganhavam mais dinheiro do que os orientais. Assim, não só os políticos, mas todos os cidadãos e cidadãs aprenderam que a reconciliação também pode ser difícil, que requer um longo processo de transformação. Mas a transformação só pode acontecer quando aceitamos o que aconteceu. As pessoas do oeste devem prestigiar as do leste com a sua história e suas experiências. Só assim algo surgir algo novo. Os preconceitos devem ser desconstruídos em ambos os lados, a abertura para se envolver em novas relações deve crescer. Então, em meio ao árduo processo de reconciliação, o encanto do início voltará a brilhar muitas vezes.

Também casais que se reconciliaram aprendem por experiência própria que todo começo é difícil. Ambos chegaram à decisão de que queriam deixar para trás as feridas e as decepções. Mas as velhas feridas sempre ressurgem e turvam a união reconciliada.

Algo que pode ajudar no êxito da reconciliação são os rituais de reconciliação. Hans Jellouschek elaborou tais rituais de reconciliação na terapia de casais e as colocou em prática. Um ritual de reconciliação pode assumir a forma de falar abertamente sobre as feridas e os conflitos. Mas, ao mesmo tempo, falam honestamente que estão dispostos a deixar o passado para trás e começar de novo. É útil que uma testemunha esteja presente no ritual de reconciliação. Também se pode escrever as feridas e decepções num papel e, depois de serem lidas em voz alta, queimá-las juntos. Se, após a reconciliação, aflorarem velhas mágoas, pode-se dizer a si mesmo: eu queimei as velhas feridas. Vou deixá-las permanecerem queimadas. Após a queima, é celebrada uma festa de reconciliação. E também nela é bom que estejam presentes não só a testemunha, mas também os amigos. Assim, a reconciliação também é vista pelos amigos. E os amigos ficam aliviados porque agora podem ter um bom relacionamento com ambos novamente. Pois se o casal não se reconcilia, frequentemente divide também seus amigos.

O ritual de reconciliação não existe apenas no início da reconciliação. Rituais são sempre necessários para nos lembrar da reconciliação. Por exemplo, sempre houve rituais pela reconciliação franco-alemã quando o presidente alemão visitava a França ou quando o presidente francês estava na Alemanha. A reunificação alemã precisa sempre de rituais que nos lembrem a dádiva da queda do Muro de Berlim. Isso acontece no Dia da Unidade Alemã, em 3 de outubro. Mesmo que algumas pessoas pensem que há sempre discursos pomposos demais, é importante lembrar e celebrar juntos a reunificação e, ao mesmo tempo, vê-la como um desafio, deixá-la penetrar cada vez mais fundo na mente das pessoas e desconstruir velhos preconceitos.

É semelhante com a reconciliação entre casais ou amigos. São então necessários os rituais diários do beijo ou do abraço. Ou ainda se pode comemorar todos os anos o dia da reconciliação como uma pequena celebração. Os amigos reconciliados poderiam planejar fazer juntos uma trilha. Os rituais não só nos lembram da reconciliação que fizemos, mas também a reforçam. Pois expressam os sentimentos conciliadores que tivemos durante o ato de reconciliação, mas que no dia a dia sempre esquecemos.

E esses sentimentos movimentam algo em nós. Assim, a reconciliação pode ser repetidamente vivenciada, no meio do cotidiano.

A reconciliação é possível. Mas o caminho para a reconciliação é muitas vezes cheio de pedras. Ao longo do caminho, sempre há também retrocessos e desvios. Mas não devemos perder a esperança de que a reconciliação mesmo hoje é possível. Minha pretensão ao escrever este livro é fortalecer a esperança de reconciliação. A esperança aguça os nossos olhos para que descubram os vestígios da reconciliação aqui e agora. E a esperança nos encoraja sempre a ousar nos reconciliar.

As reflexões sobre a reconciliação mostraram como este assunto é importante para o nosso tempo. A reconciliação é o requisito para o sucesso na vida pessoal, mas também para a possibilidade de uma boa convivência na sociedade e entre os povos. A reconciliação entre as pessoas e os povos, mas também a reconciliação entre o homem e a natureza, é a condição para que nós e os nossos sucessores possamos levar uma vida boa e próspera nesta Terra. É isto o que desejo a todos os leitores e leitoras, que vivam neste mundo reconciliados consigo mesmos e com os outros, reconciliados com Deus e com a criação, e que eles próprios se tornem uma fonte de reconciliação para as pessoas que os acompanham no caminho.

Conecte-se conosco:

facebook.com/editoravozes

@editoravozes

@editora_vozes

youtube.com/editoravozes

+55 24 2233-9033

www.vozes.com.br

Conheça nossas lojas:

www.livrariavozes.com.br

Belo Horizonte – Brasília – Campinas – Cuiabá – Curitiba
Fortaleza – Juiz de Fora – Petrópolis – Recife – São Paulo

EDITORA VOZES LTDA.
Rua Frei Luís, 100 – Centro – Cep 25689-900 – Petrópolis, RJ
Tel.: (24) 2233-9000 – E-mail: vendas@vozes.com.br